日々の100

松浦弥太郎

集英社文庫

日々の100

松浦弥太郎

○まえがき

「すべては結局、私が誰とつきあっているかを知りさえすればいい。自分はいったいどんな人間だろうか?」という問いに対する答えを、アンドレ・ブルトンは『ナジャ』(一九二八年)の冒頭でこう述べている。

「その人を知りたければ、その人がつきあっている親しい友人が誰なのかを知れば、ひとつやふたつは、その人の本性を垣間見《かいまみ》れるだろう。少なくとも人としての種類はわかる」

この本で僕は、日常生活の中でつきあっているモノを100選んで、そのモノとのつきあい方や出合い、想いや記憶を、あれこれと自由に書いた。ごく近しい親友のようなモノから、出合ったばかりの新しい友だちなモノまでモノはいろいろある。

当たり前のように側《そば》にいるモノから、宝物のようにして大切にしているモノまで、あらためて手にとって、しばらく見つめてみて、心の中にどんな物語が浮かぶのだろうか。それはとても愉快で、しあわせなことである。物語には感動がある。そして感動とは真実である。いわば、そのモノの本当の話を僕は書いた。

100のモノは自分で撮影をした。すべて私物である。撮影用に新しいモノを揃《そろ》えようかとも考えたが、この場合、コレクションでもなくカタログでもないのでモデルでは嘘《うそ》になる。使い古した本物を見せなくては意味がないと思い、あえてありのままの姿で登場させた。

100人の人とつきあうことはむつかしいが、100のモノなら、なんとか揃うだろうと思ったのは浅はかだった。モノであろうと100となると尋常ではない。しかも、それについて100の物語が本当に存在するのだろうか。自由にあれこれ想うのは楽だが、本にするためには文章にしなければならない。そんな不安を抱きながら筆を持ったのが半年も前のこと。慢性の遅筆がさらに遅筆になったのは言うまでもない。

しかし、自分の愛するモノと向かい合い、自分とモノとの絆《きずな》の細い糸をたぐっていくように、時にはこんがらがった糸を解《ほど》くようにして、隠れている愛情を確かめることはとても良いことだった。愛情には、必ずどこかに美しさが見つかるからだ。

そして思う。すべては結局、僕が誰とつきあっているかを知りさえすればいい。

僕はいったいどんな人間だろうか？　という問いに対する答えが、この本を読む人にはきっとわかるはずである。

アンドレ・ブルトンは『ナジャ』の最後をこんな言葉で終わらせている。

「美は痙攣《けいれん》的なものであるにちがいない、さもなくば存在しないだろう」と。

松浦弥太郎

○もくじ

001

レシピカードボックスと
5×3カード

無くてはならない日用品のひとつに、5×3（インチ）カードがある。トランプのカードのような硬さがあるメモ用紙だ。5×3カードは、アメリカでは誰もが日常的に使っているが、日本で使っている人を見ることはない。こんなに便利なのに、なぜ誰も使わないのだろう。

たとえば使い方はこうだ。今日一日の予定、もしくはやるべきこと、忘れてはいけないことを、朝一番にこのカードに書いておいてポケットに入れておく。カードだから、折れたり、くしゃくしゃになったりはしない。仕事をしながらそれを確認し、終わったことからペンでチェックしていく。そしてまた、打ち合わせなどがあればノートではなく、このカードに必要事項を記入し、一枚で足りなければ二枚、三枚と書き足して、クリップやホッチキスでまとめておく。要するに、用件やプロジェクトを、ノートではなくこのカードに書き残していく。ノートに書いても、必要なときに書いた場所が見つけられなくて困ることがある。書いたカードは、丁度よく収まるレシピカードボックスに入れて、インデックスによって分類しておくと必要なときにすぐに見つけられて便利だ。僕は「idea」「reminder」「project」「a day」「word」「etc」に分けてカードを管理している。

5×3カードとスケジュール帳のみで、僕の仕事は充分足りている。

002

ヒノキの漆椀《うるしわん》と匙《さじ》

カリフォルニア州東部のシエラ・ネバダ山脈を貫くジョン・ミューア・トレイルを歩いた。ジョン・ミューア・トレイルとは、シエラ・ネバダの大自然を歩き、その美しさに魅された人、ジョン・ミューア（一八三八―一九一四年）の自然保護思想と、国立公園の父としての偉業を記念してつくられた、およそ三百四十キロにおよぶ登山道である。標高四千メートル級の山岳地を縦走するアメリカを代表するトレイルのひとつだ。

トレッキングの行程は四泊五日。キャンプで自炊するために、テント、シュラフ、着替え、食料といった二十キロ近い生活道具をバックパックに詰めて、一日に最低十五キロを歩いた。山歩きやキャンプは得意ではない。得意ではないから不安が募った。何かお守りになるような道具を持って行きたいと思った。軽くて、こわれにくく、手仕事のあたたかさがあり、美しさがあり、毎日使うものと悩んだ末、漆塗りの椀《わん》と匙《さじ》を選んだ。

漆椀の木地は、元来ヒノキで作られるのが上等であるが、ヒノキで作れる職人が少なく、現在はほとんどの漆椀がケヤキを材料にしている。そうと知ると、ヒノキの漆椀と匙が無性に欲しくなった。探しまわったところ、漆椀は佐川泰正《さがわやすまさ》さん作、匙は箱《はこ》瀬淳一《せじゅんいち》さん作と、漆塗職人であるふたりを知った。僕はヒノキの漆椀と匙を持って山へと出発した。

003

ネイティブアメリカンのお守り

基本的にアクセサリーは好まない。

指輪やネックレスをしている男を見ると、男のくせに、と眉間に皺《しわ》を寄せたりする。昔から身を飾るという行為にどうも抵抗があるのは、心のどこかで、簡素で美しい禅僧の容姿に憧れているからかもしれない。

はじめて身につけたアクセサリーは、ニューメキシコの旅でネイティブアメリカンのおじさんにもらったターコイズの指輪だ。別れるときにお守りにしろと言って手渡された。お守りか……。そう思ったら、つけてみても良い気になった。大きくて青々としたターコイズの指輪なので、それを見た大抵の人は目を大きく見開く。「お守りなんです」それは何ですか？　と訊《き》かれる前に、こう言って照れを誤魔化す。身につけているとネイティブアメリカンの祈りに守られている心地がして、満更でなくなった。しかし自分の中では、あくまでもお守りであってアクセサリーではない。

アメリカの旅に出かけると、無意識にお守り探しをしている自分がいる。四〇年代に作られた手の込んだもの。いろいろある部族の中でも意匠が細かいズニ族のお守りが好きだ。今では意外とうるさい自分がいる。

旅の途中、他人から服装はほめられないが、お守りはいつもほめられる。誰かにほめられたくて旅に出てるのかと思うときさえある。

004

エンリー ベグリンの財布

二年に一度、財布を新調している。

二十代半ばの頃、十歳以上年上の人達ばかりとつきあっていて、「財布はいいものを持たないといけない」と口うるさく言われた。すでに世に出て、何かしらの仕事を成した大人たちの言葉は重かった。「そんなよれよれの財布には、いつまでたってもお金は入ってこないぞ」こうまで言われると、どれほど愛着ある財布であっても替えたくなった。僕の唯一の取り柄は素直さだ。

どんな財布がいいのか、と訊くと、シンプルで、大きくて、上質で、しっかりとしていて、一歩下がったところから眺めてきれいと思うものがいい、と教えてくれた。そして、いつも手入れをしなさい、とも。財布の中身は、いつも整理整頓しておくこと。カード類は最低限にすること。革製なら週に一度は磨くこと。パンツの後ろポケットなどに入れたまま座ったりしないこと（これはお金を尻に敷くことになるから絶対駄目だと言われた）。お札の向きは必ず揃えること。できれば小銭入れを別に持つこと。ひとつの財布を二年以上使わないこと。その人は僕と膝を突き合わせながら話してくれた。最後に、これこそお金に不自由しない秘訣《ひけつ》だ、とつぶやいた。

ここ数年、イタリアのレザーブランド、エンリー ベグリンの財布を愛用している。財布の教えはずっと守っている。秘訣は正しい。

005

村上開新堂のクッキー

「いつもは家族の誰にもあげないのだけれど、今日は特別に君にあげよう。さあ、どうぞお食べになって」

下戸《げこ》の僕に気遣って、宴たけなわの頃、家の主《あるじ》はピンク色をした箱をうやうやしく開けた。中を覗《のぞ》くと、クッキーは、ほんのわずかしか残っていなかった。

「美味《おい》しいのを最後にとっておいているんだ。残っているのは美味しいのばかりだぞ」

「全部食べたら一生言われるわよ。俺の大切なクッキーを残さず食べたってね。いつもは絶対、誰にもあげないのに」

主の奥方は、面白がって笑いころげた。

パステルグリーン色をした、どんぐりの帽子よりも小さなメレンゲをつまんで口に放ると、抹茶のほのかな苦味が口に溶けて、しあわせな気持ちになった。

「僕は、僕の好きなものを君に全部教えたいんだ」

そう言って主は、言葉で僕を酔わせた。

僕にとって、村上開新堂の詰め合わせクッキーは、特別なごちそうだ。亡き祖父の大好物だったからだ。二十七種類もの宝石が詰め込まれた、およそ一万円するクッキー缶。祖父から食べさせてもらったことは二度しかなかった。

その日、主の顔が祖父に見えて仕方なかった。

クッキーをかじるとカリッと音がした。

 ＊完全紹介制の商品です

006

アンティークの定規

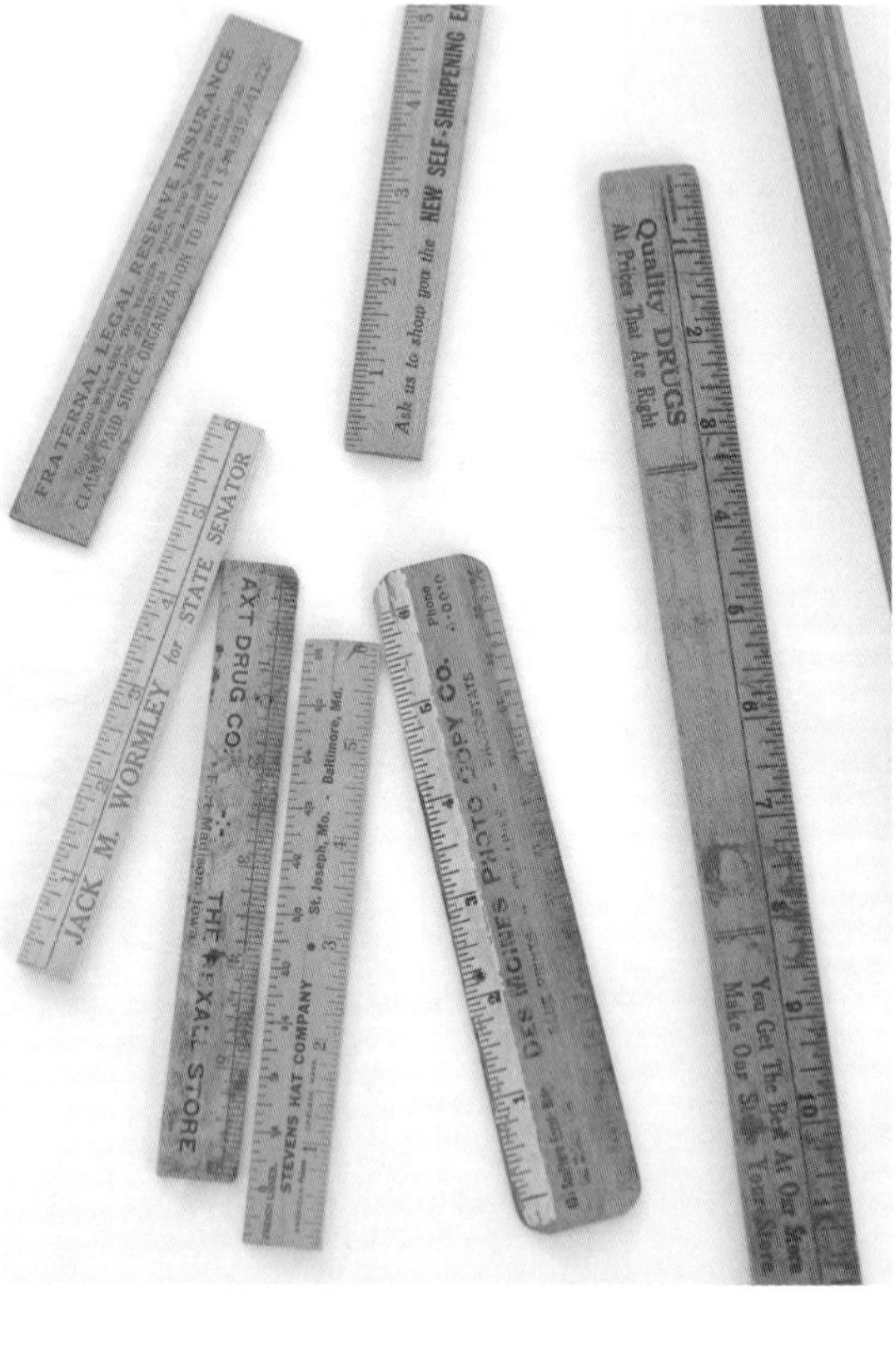

サンフランシスコのポーク通りとカリフォルニア通りの交差点近くにスワン・オイスター・デポという、クラムチャウダーが実にうまい、行列のできるカウンターだけの小さなシーフード食堂がある。クラムチャウダーだけでなく、名物の生牡蠣《なまがき》や、カニもたまらなくうまい。

スワン・オイスター・デポで食事した後は、道路を挟んだ向かい側の、おじいさんがひとりで営むアンティーク屋に行くことを忘れない。その店は、おじいさんが元気なら開いているが、調子が悪いと閉まっている。それは行ってみないとわからない。三回行くと一回は閉まっている。

おじいさんの店ではアンティークの木製定規を買うと決めている。おじいさんは定規の有名なコレクターで、僕が定規を買いに来たと言うと、店に並べていない良いものを見せてくれる。ひとつが五ドルくらいのものだが、実は簡単に買うことができない。おじいさんは、ひとしきり話をして気が済まないと売ってくれないからだ。アンティークの木製定規は、店や会社が販促用に名入れをして作ったものが多い。おじいさんは、その店や、会社のその後や、当時のことを調べて、その話をいつも聞かせてくれる。サンフランシスコの歴史が学べてとても面白い。

おじいさんの話を聞きたいから定規を買いに行くのだ。

007

中村正常の『隕石《いんせき》の寝床』

中村正常は、親友から教えてもらった作家だ。

最近は何を読んでいるか。誰が面白いか。という会話の末に知った作家の名だった。「なかむらせいじょう」。女優、中村メイコの父であり、彼女のエッセイにその父親の姿がたびたび書かれていると親友は話した。古書のゆえ、どこでも買える本でないことは、話しながらうすうす感じていたが、いざ買いに出かけたら、どこにもなくて口惜《く や》しかった。やっとの思いで一冊の本を探し出したとき、作家の名前は「なかむらまさつね」であることがわかった。古い作家の場合、読み方の間違いは、よくあることだと苦笑いした。柳宗悦《やなぎむねよし》を「やなぎそうえつ」と呼ぶ人が多いのと一緒だ。

戯曲作家として名を馳《は》せ、反マルクス主義の「エロ、グロ、ナンセンス」を提唱し、新興芸術派倶楽部のリーダーになった中村正常。ナンセンス文学の旗手としても知られた作家だ。

『隕石の寝床』には第二回「改造」懸賞創作に当選した『マカロニ』ほか初期戯曲が収録されている。今となっては戯曲など、なかなか読みなれないが、読んでみるとこれが実に面白い。ちなみに『マカロニ』の登場人物は、ゴム吉、マリコ、チチコ、イボコ、老紳士。この名からしてキテレツだ。

中村正常は天才だと思った。こんな戯曲ならいくらでも読みたい。


 『隕石の寝床』／中村正常／改造社／1930年

008

ソローの机

学校教師、家庭教師、測量士、植木職人、農夫、ペンキ屋、大工、左官、日雇い人夫、鉛筆製造人、紙やすり製造人、文筆家、詩人、博物学者、自然主義者、思想家、超絶主義者、奴隷制廃止論者。これはひとりの人間の肩書きであり、歩んだ道だ。

十八歳のときに読んだ『森の生活』（一八五四年）で、その作者ヘンリー・デイヴィッド・ソローと出会った。『森の生活』に書かれている彼の思想は、当時の僕が理解するには容易でなかったが、その簡素でインディペンデントなライフスタイルには、尊敬とともに強い共感を抱いた。人間の暮らし、すなわち人生を豊かにするものは物質の消費ではなく、精神の在り様であり、それを支える労働であることを学んだ。そして人にはその人なりのライフワークが与えられていると知った。

アメリカから日本に帰り、赤坂の本屋の一角に、はじめて自分の店を持ったときに仕事机を注文した。マサチューセッツ州のコンコードにソローの暮らした家が残っている。そこで見た彼の机の小ささに驚いた。多くの著作を残していながら、それを書いた机は小学生の机のように小さかった。「人は偉くなるとまるで自分の土地のように大きな机を欲しがるが、机は小さければ小さいほど仕事に集中できて良いものである」とソローは語っている。僕はソローの机を測って、同じサイズの机を作った。

009

ロレックス社の金だるま

祖父の名前は金太郎という。

その祖父の形見の腕時計である。金太郎じいちゃんは、この腕時計を「金だるま」と呼んでいた。羽振りの良い頃に買ったのであろう、四〇年代のロレックス社のオイスターパーペチュアル。14Kピンクゴールド無垢《むく》の通称「バブルバック」というモデル。ロレックス社はじめての自動巻き腕時計で、手巻きのケースに自動巻きのローターをそのまま組み込んだため、ふんわりと丸く盛り上がった裏ぶたが特徴だ。横から見たかたちが泡のようなので、バブルバックと呼ばれ、イタリアではオベット（卵）、フランスではボンブ（ドーム）の愛称で親しまれている。

金太郎じいちゃんは、正月の三ヶ日と、羽織袴《はおりはかま》の正装をするときに、祖母に「おい、金だるま」と言って金庫から持って来させ、うやうやしく腕にはめていた。金だるまは縁起物のひとつとしてあった。黄金に輝くころりとした腕時計は陽《ひ》に焼けた太い腕に似合っていた。

小学生の頃、一度だけ金太郎じいちゃんが学校行事にやって来たことがあった。羽織袴の姿だった。黒い装いの内、ちらりと見える粋な金時計は、同級生の目を釘付けにした。

正装のとき、この金だるまを腕にはめるときがある。しかし、金太郎じいちゃんのかっこ良さにはまだまだ届かない。

010

おばあちゃん眼鏡

夜うす暗い部屋で本を読むのが好きで、目が悪くなると言われながらも止《や》めなかったのは、自分の視力に変な自信があったからだ。このくらいのことで視力が落ちるわけがないと、高をくくっていた。そんな習慣を何十年も続けている。しかも、つい先日の健康診断の結果を見ると、いまだに左右ともに2.0である。

しかし、2.0ということは、良く見えすぎるから目の筋肉を人一倍使うらしく、夕方になるとその筋肉が疲れてしまって焦点が合いづらくなる。本来、瞬時にオートフォーカスされるものだが、そんなときは電池が切れたようにフォーカスが利かなくなり、焦点が合わないままピンボケの状態になる。ピンボケになったとき、遠くを見るには不便は無いが、本を読んだりするにはとても不便がある。そんな事情で眼鏡を探しはじめた。

セルフレームの眼鏡（上）はバンクーバーのフリーマーケットで。ワンポイント金フレームの眼鏡（中）と、グレイのセルとメタルの眼鏡（下）は、ニューヨークのフリーマーケットで買った。すべてアンティークで、きっとどれもおばあちゃんがかけていたものだろう。眼鏡は古いほうがデザインも作りも良い。

かけていると外国人によくほめられるが、最近は古いフレームが日本でも人気という。いつかべっ甲眼鏡も手に入れたい。

011

ルーシー・リーという生き方

一九〇二年にオーストリアのウィーンに生まれたルーシー・リー。第二次世界大戦でドイツがオーストリアに侵攻すると、彼女は夫とともにイギリスへと亡命する。その後、ロンドンのアルビオン・ミューズに小さな自宅兼工房を持ち、生涯を通じて陶芸家としての道を歩んだ。

陶芸家ルーシー・リーには、二人の男が大きな影響を与えている。日本の民芸運動とも縁の深いバーナード・リーチと、工房で一緒に働いたハンス・コパーだ。リーチからは伝統を、コパーからは、新しい創造とチャレンジ精神を学んだ。

ルーシー・リーの魅力は、伝統と創造を両翼にして、有機的で新しいデザインを生み出したことだ。さらに、思想性と装飾性という、創作において、いわば相反するスタイルを合致させた類《たぐい》まれな美を陶磁器に落とし込んだことだと言えよう。ルーシー・リーは、晩年の八十代になっても新しい技法に挑戦し、その作風は成長し続けた。

つねに考えるのは、歳《とし》を重ねるとともに、初々《ういうい》しさと、素直さと、チャレンジ精神が旺盛な暮らしと仕事を保ちたいということだ。どんなに身体《からだ》が衰えても、精神は日々若くなっていく人生を送りたい。それを心に刻むために、毎日、ルーシー・リーの食器で朝食を味わい、一輪の草花を花瓶に生けている。

ルーシー・リーの生き方を学びたい。

012

『しりとり』

谷川俊太郎さんと和田誠さんの共著に『しりとり』という絵本がある。私家版として昭和四十年に五百部が発行された一冊だ。この本は、若かりし頃の谷川俊太郎と和田誠が、なけなしの資金を投じ、自費出版したという経緯が知られている。スミ一色刷りの四十ページ。オムレツの絵だけが黄色く着色されているが、両氏によって手彩色されたものだという。四六判の上製本。谷川俊太郎さんが言葉を、和田誠さんが絵を描いた幻の傑作だ。当時その五百部は、書店には並ばず、ほとんどが両氏によって手売りされた。谷川俊太郎さんが三十三歳。和田誠さんが二十八歳のときだ。

その『しりとり』だが、現在はいそっぷ社という出版社が一九九七年から復刻版を出版している。僕は『しりとり』を仕入れ、開店時のカウブックスに並べた。

私家版が貴重なのは言うまでもない。しかし縁あって僕の手元には二冊ある。何かで自分を見失いそうなとき、僕は『しりとり』を手にして、黄色く塗られたオムレツのページをじっと見つめる。駆け出しだった谷川俊太郎さんと和田誠さんが、どんな思いで一冊いっさつ手にして色を塗ったのだろうかと思いに耽《ふけ》る。

数年前、新聞欄のために、和田誠さんにポートレイトを描いてもらった。そのときのことを訊こうと思ったが照れてしまって訊けなかった。

『しりとり』／谷川俊太郎・和田誠／いそっぷ社／1997年

013

タンタンがお手本

ベルギー生まれのコミック『タンタンの冒険』の主人公タンタンが大好きだ。新聞記者のタンタン。彼が行く先々で遭遇する事件を痛快に解決する物語は、世界中で親しまれている。僕が一番好きなのは月へ行く物語。愛犬スノーウィとのコンビも抜群だ。

あるとき、タンタンの着ているステンカラーコートやブルーのニット、白いシャツ、太いパンツと茶色の革靴に、なんてすてきな着こなしなんだろうと感心した。髪形は真似《まね》できないが、服装はお手本にしたいと思って、ある日、持っている服を組み合わせ、僕はタンタンになり旅に出た。

ロンドンの港町ブライトンにポール・ハーデンという靴屋がある。デザイナーのポール・ハーデンはカナダ出身で、四年前にバンクーバーを旅していたときに、たまたま帰国していた彼に出会って仲良くなった。靴屋をやっていると知って、どんな靴を作っているのかと訊くと、「タンタンの履いている靴をお手本にしているんだ。少しだけ洋服も作っているけれど、それもすべてタンタンの着ている服を真似て作っている」と彼は言った。自分と同じようにタンタンをお手本にしている人がいると知って嬉《うれ》しくなった。偶然の奇跡。

日本に帰って来てから、彼からプレゼントだといってステンカラーのコートが届いた。それを着た僕はますますタンタンになった。

014

マーチン 0021-NY

ギターをはじめたのは三十代半ばを過ぎた頃だ。毎月のようにアメリカやヨーロッパへ取材という名の旅に出かけ、数ある連載を抱えた忙しい時期だった。忙しいときほどポカリと時間が空くことがある。日々が淡々と進んでいくのが当たり前になり、空いた時間が急な出来事のように思える。そんなとき、何をしたらよいかわからなくて困ってしまう。といって、どこかに出かけるとか、人に会うとか、ましてや準備が必要なことなど億劫《おっくう》でなかなかできない。

そこでギターである。手を伸ばせば、すぐに弾けて、しかもアコースティックの生音は心地良い。聴きたい音楽を自分で弾けるようになると嬉しい。ゲームもインターネットもしない自分にとって、ちょっと時間が空いたときに戯れるものとして最適だった。

マーチン0021-NYは、ニューヨーカースタイルと呼ばれ、通常のギターよりも、かなり小ぶりでグラマラスなシルエットを持つ。僕と同い年の一九六五年製である。ハカランダという希少な材を使っていて、豊饒《ほうじょう》な音色が特徴だ。

毎日、ジェイムズ・テイラーの「君の友だち」を弾いている。長い旅だとギターを持って行き、知り合った人と歌を唱《うた》ったり、眠れない夜に爪弾《つまび》いたりと、いつしかギターは友だちのようだ。友だちが身近にいてくれるのはしあわせである。

015

アンティークキルト

友人とペンシルバニア州のある村のフリーマーケットを訪れた。前日にレンタカーを借りて早朝五時に出発した。一時間も車を走らせると景色はどこまでも見渡せる広大な大地に覆われた。ただひたすら延びる一本道にアクセルを踏み続ける。

アメリカ郊外のドライブは恐い。運転に変化が無いので、時おり音も聞こえず、振動も感じず、見えているものが静止してしまうような感覚に襲われ、ふと我に返って身震いすることがある。

ハイウェイを降り、曲がりくねった山道を二時間走った。渓流の脇の広場で、フリーマーケットは開かれていた。フリーマーケットというよりも、のどかな村の物々交換の場のようだった。若い人は少なく、ギンガムチェックのエプロンを腰に巻いたおばあちゃんや、オーバーオールを着たおじいさんばかりだった。

目を見張ったのは、十八世紀のアーミッシュキルトが山になって積まれていたことだ。それも格安で。業者やコレクターがここには来ないから値段が上がらないんだ、と友人は言った。チューリップ柄のベビーキルトを一枚50ドルで買った。百年以上前のもの。持ち主のおばあちゃんは、おまけに今日の朝作ったというドーナツをくれた。

キルトは膝掛けとして使っているが、あの日の記憶は夢のようにおぼろげで、もしかしたら夢だったのかもと思うときがある。

016

種子島の本種子《たね》鋏《ばさみ》

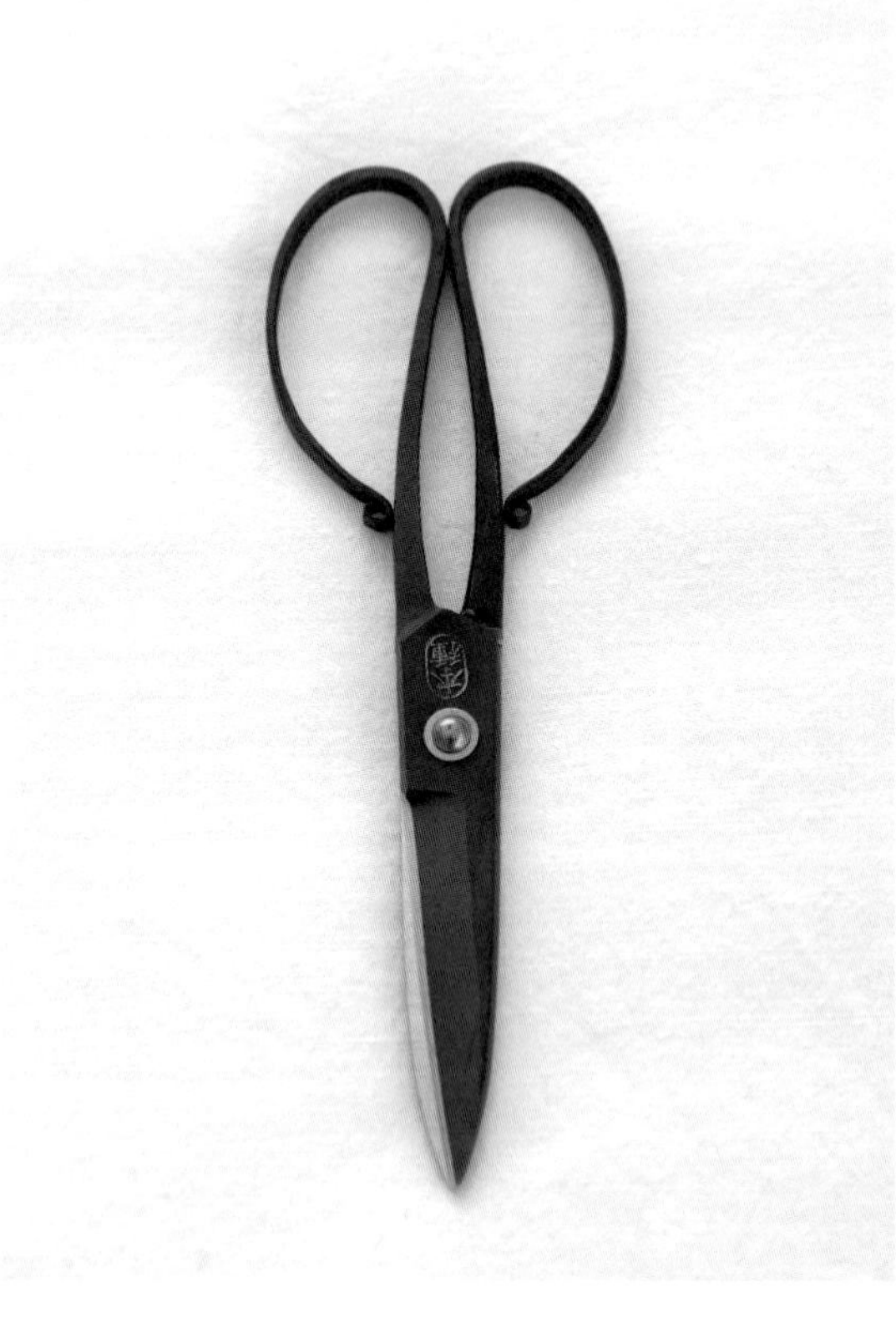

使えば使うほどに、刃が研がれ、切れ味が増すという、本種子鋏《ほんたねばさみ》を友人から見せてもらった。手にすると、心地よい重量感があり、恐々と動かしてみると、刃と刃がこすり合う感触が確かにあり、その切れ味の良さは確かめることなくわかった。千年以上変わらぬ、美しい意匠にも惚れ惚《ほ》れ《ぼ》した。種子島の職人の手によって作られていると聞いて歴史を調べた。

一五四三年、三名のポルトガル人が乗っていた船が種子島《たねがしま》に漂着した。種子島には古くから高い造船技術があり、そのとき、ポルトガル人を保護して、船の修理を手がけた。その後、助けられたポルトガル人は、あらためて入港し、お礼とともに、ポルトガルの鉄砲鍛冶《かじ》を伝播《でんぱ》した。種子島は砂鉄《さてつ》が採れる鉄の島である。急速に発展した鉄砲鍛冶は、種子島から全国へと伝わった。明治に入り、鉄砲鍛冶は終焉《しゅうえん》し、職人達は鋏職人となった。鋏の理想は、丈夫で研がずに長く切れること、という。

本種子鋏を買い求めに、種子島へ行こうと思っていた矢先、別の友人が鹿児島へ行った帰りに買ってきてくれた。箱を開けると、以前見た、本種子鋏と同じものだった。早速、紙を切ってみた。力を入れることなく動かした分だけまっすぐに紙は切れた。このとき、僕の持つ鋏の概念が大きく変わった。刃は決して触ってはいけないという。

017

リーバイスの501

男の装いのポイントはパンツである。どんなに立派な上着を着ていてもパンツが不粋であったりすると、装いすべてが台無しになる。逆に、パンツさえトラッドで上質なものを選んでいれば、なんとか格好はつく、と伊丹十三《いたみじゅうぞう》は本で書いている。まったく同感である。若者は、もう少し自由かもしれないが、歳をとればとるほどに、この考えは正しい。

僕にとってのトラッドで上質なパンツとは、シンプルなデザインのフラノパンツや、チノパンという名のコットンパンツで、カジュアルならリーバイスの５０１が定番になる。

洋服を買うときは、一年に一、二度あるかないかのことだが、そのときにいつも基準にするのがリーバイスの５０１に合うか合わないかである。たまに、合わないけれど着てみたいと思う服を買うこともあるが、それは大抵失敗する。シャツでも上着でもセーターでも、経験上、リーバイスの５０１に合う服ならば、長く着られることが約束される。

リーバイスの５０１は、五〇年代製を、アメリカの田舎《いなか》などで売れ残っているものを探して穿《は》いている。珍しい５０５や５５１というモデルを含め、見つけたときにまとめ買いしてストックしてある。

リーバイスの５０１が自分の装いのすべてを決めている。

018

『暮しの手帖』と生活系雑誌

二〇〇六年の十月、『暮しの手帖』の編集長に就任した。創立六十年の老舗《しにせ》雑誌の刷新と、部数向上が目下の仕事である。

美しい暮らしとは、つねに目に見える新しさありきで、新しいモノ、新しい情報、新しい雰囲気を、今すぐ生活に取り入れることが豊かさであるとされていた。しかし、時代は変わり、新しさという目に見える何かで、本当の豊かさを手にすることはできない。それだけでは暮らしが満たされることが無いことに私たちは気がついた。消費という名の新しさで、暮らしを埋め尽くしてみたけれども、そこに残っているのは、寂しさやむなしさや違和感だった。目の前の暮らしが、飾りのようでちょっと嘘《うそ》っぽいというような。

そんなタイミングで昨今、生活系雑誌が続々と刊行された。それらは、それぞれのテイストで、目に見えるモノや、あるもの、出来事、そういった現実の後ろに潜む物語や、心持ちや、知恵を、わかりやすく写真と文章で紹介していった。共通言語は、目に見えない大切なものは何か。必要なモノは買うのではなく楽しんで作ってみる。今日の工夫と発見に、新しさを見つける。『暮しの手帖』が唱えていることが今再び、生活者に必要とされる時代になった。雑誌それぞれが個性を持って、生活者の暮らしに役に立つ実用品として育っていくことが僕の希望である。

019

ウィンザー＆ニュートンの水彩絵具セット

旅にカメラは欠かせないが、ロンドンを歩いたある日、カメラよりも、スケッチブックと絵具が欲しくなった。そのときに画材屋で手に入れたのがウィンザー&ニュートンの水彩絵具セットだ。

二十四色に、さらに選んだ六色を足して、筆は一本より、二本あったほうが良いと思い、台湾で買った細い毛筆を加えた。

旅先では、一日中、方々を歩きまわり、宿に帰ったその晩にスケッチブックや、そこらへんにある紙に、絵というよりもメモを残すように、あれやこれやの落書きを自由奔放に描いた。実に楽しい。デジカメのように、人に見せられるものではないが、家に帰って見てみると、写真よりもつぶさに、あの日あのときの物語がよみがえってくる。

絵を自由に描くことは、長いあいだ忘れていたことだ。学校では、自由とはいえテーマや課題があり、批評されることもあるので描き方は不自由だった。大人になってからも、絵具と筆で落書きをすることはなかった。水彩画の基本をひとつも知らないが、気の向くままに絵を描くことは、今では旅先だけでなく、日々続けている。

一日の終わりに、仕事から離れたささやかなひとときがある。そんなとき、絵具セットを開けて、色をたっぷりと含ませた筆を紙の上で動かす。自分自身に立ち返るための大切な方法のひとつだ。

020

山ぶどうの籠

二十代半ばの頃、はじめてパリを訪れたとき、マルシェ（市場）にパジャマ姿のようなラフな格好で、籠バッグをぶら下げ、買い物をしている男の人の姿を見て、なんてかっこいいんだ、と思った。男で籠バッグかぁ、と感心した。そしてその数日後に、同じパリの街で、グレイのフラノスーツに革靴を履いた紳士が、またしても籠バッグを手にして颯爽《さっそう》と歩いている姿を見て、そのかっこ良すぎるコーディネートにため息が出た。今思えば、どちらも何も考えていないコーディネートだろうが、僕には良く見えたということなのだが。

その印象が強いせいで、かばんを新調しようと考えると、籠バッグが思いついて仕方がなかった。

そんなある日、秋田にて、山ぶどうの蔓《つる》で籠バッグを作っている職人さんを知人に紹介してもらった。僕は悩むことなく自分用の籠バッグを特別注文した。

一泊くらいの旅行にも持って行けて、仕事用の書類も入る大きさを考えると、思いの外《ほか》、大型になった。L.L.Beanのトートバッグのように、持ち手がぐるりと本体を支えるような意匠も取り入れてもらった。

使いはじめて五年が経《た》つが、段々と色が黒く変わり随分と年季が入ってきている。なんでも放り込める便利さもあって、今ではどこに行くにも使う道具のひとつである。

021

オリーブオイル

仕事場にしている部屋には、オリーブオイルを常備している。キッチンの無い仕事場で食事をする際に、あると便利なのがオリーブオイルだ。もちろん、エキストラ・バージン・オリーブオイルだ。バターやジャム代わりにパンにつけて食べている。

美味しさを知るきっかけになったのがイスナルディ社のオリーブオイル（右）だ。これはローマ法王庁ご用達《ようたし》で、西リビエラの海岸沿いの丘で採られたオリーブから作られている。手摘みされたオリーブを石臼《いしうす》でひいて汲《く》み取った、まさにオリーブの生ジュースとも言えるもの。ラベルにはなぜか大きなエビの絵が描かれていて、最近の洗練されたボトルやラベルと比べると敬遠されそうだが、実はそれが落とし穴で、いろいろと試した結果、僕はイスナルディ社のオリーブオイルに太鼓判を押している。そのままでこんなに美味しいのだから、料理に使うにはもったいないかもしれない。あとは美味しい塩さえあれば、そのふたつで料理はまかなえるだろう。

美味しいオリーブオイルがあることで、パンにバターを塗って食べていた習慣がまったくなくなったし、出来合いのドレッシングも買わなくなった。

もうひとつ好きなのはクレスピ社のタジャスカ・エキストラ・バージン・オリーブオイル（左）。お試しあれ。

022

アーミッシュの洗濯ばさみ

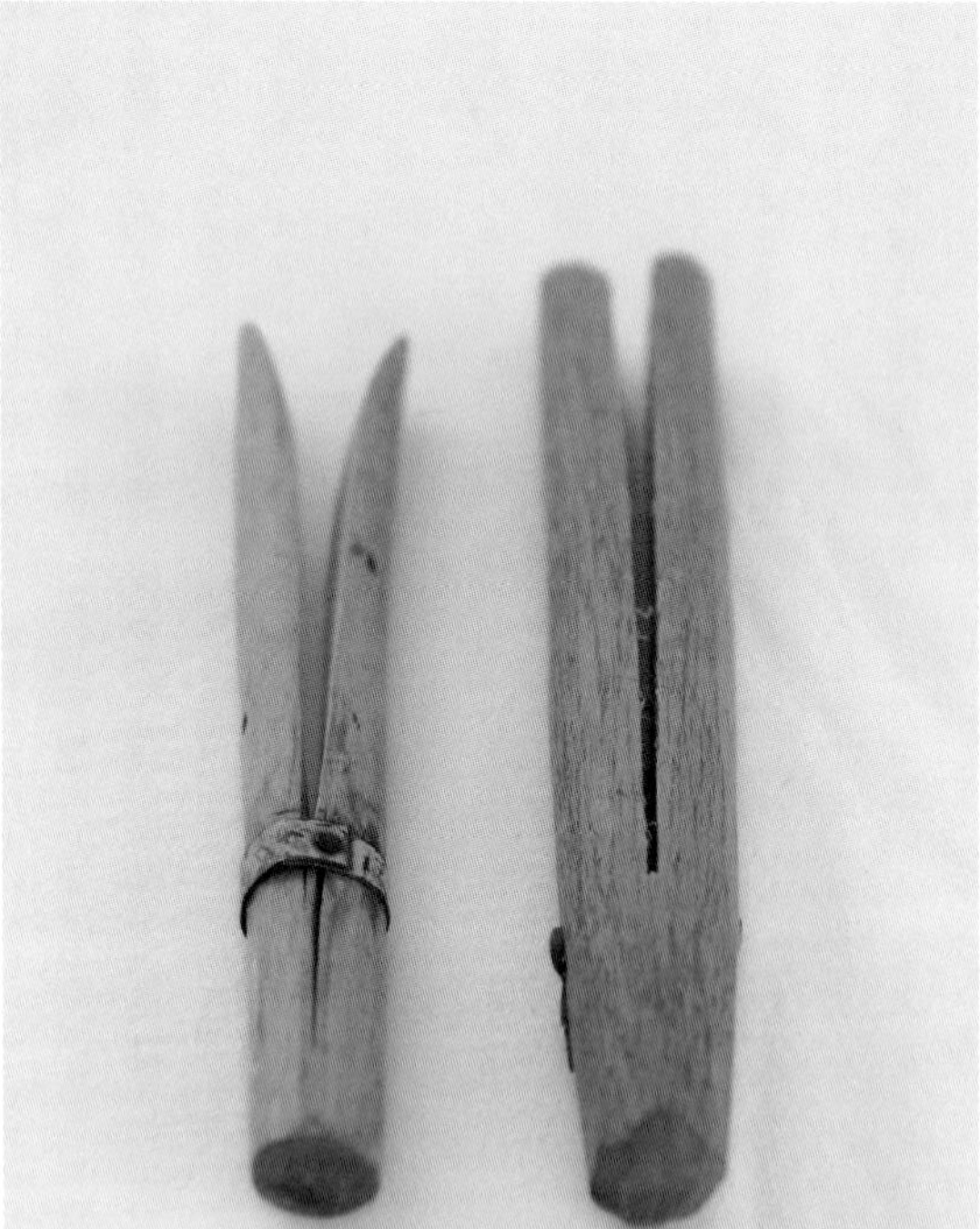

外国を旅したとき、その土地で最初に調べるのは、休日に行われる青空市場とフリーマーケットの情報だ。調べるといっても、たいがいは人の集まる感じの良いスーパーマーケットに行き、野菜売り場で働く、気のよさそうな婦人に訊く。「この辺りは日曜日に青空市場は開かれますか？」と。すると、「もちろん！」と、それがどこで開かれるか嬉しそうに教えてくれる。「ありがとう」と挨拶をして、行こうとしてから思い出したように「それと、この辺りはどこでフリーマーケットが開かれるのか知ってますか？」とさらに訊く。不思議なことに野菜が好きな人はフリーマーケットについても詳しい。「もちろん知ってるよ！」と親切に教えてくれる。

フリーマーケットでは小さいものしか買わない。持って帰るのが大変だし、経験上、大きなものは買って後悔することが多いからだ。探すのは古い洗濯ばさみと決まっている。

アーミッシュが手作りした洗濯ばさみには、見とれてしまうくらいに道具としての美しさがある。だから僕は「古い洗濯ばさみありますか？」とフリーマーケットの一軒一軒を探して歩く。時たま、とても珍しい大きな洗濯ばさみに出合うことがある。ずしりと重く、シーツやブランケットを干すときに使う上物である。テーブルに置けば、立派なアートにさえ見えてくる。

023

菓匠　花桔梗《はなききょう》の寒氷《かんごおり》

すこぶる簡素で上品な意匠の箱を開けると、小さな氷が二列になってきちんと整列している。半透明の四色（しろ、あお、きいろ、ピンク）と、もみじであろう小さな星形が、そっと置かれている。その美しさのゆえ、触れずにいつまでも見つめていたいお菓子。

菓匠 花桔梗《はなききょう》の寒氷《かんごおり》は、ある日、取材先でもてなされた。固い氷砂糖かと思って口に入れたら、砂糖は外皮だけで、噛《か》むとかりっと壊れ、その内のやわらかくみずみずしい寒天の美味しさに驚いた。見た目はころころした氷砂糖なのに、味わいはやわらかで甘い。旅先のブリュッセルで見つけた水晶でできた、かわいいサイコロを思い出した。ひんやりとしたたたずまいが一緒だ。

いつまでも置いておけないくせに、どうしてももったいぶってしまうお菓子がある。寒氷は、特別なひととき、大切な人の口にそっと入れてやりたい、そんな風に秘密めいている。

白い皿のかたすみに、ひと色ずつそっと置く。おもてなしのとき、お茶の先にそうやって出すと、たいがいの人が、このお菓子の美しさにはっとする。そしてしばらく手をつけずに嬉しそうに眺めている。ひと口すると、わあ、ときめく。

とどめのお菓子は何かと訊かれたら、数ある中でも、菓匠 花桔梗の寒氷とすぐに答える。そのくらい贔屓《ひいき》のお菓子だ。

024

辻まことの『画文集 山の声』、『すぎゆくアダモ』

自分にとって大切な宝物を、どうしても人にあげたくなるときがある。あれほど大事にしていたのに、なぜ、あげてしまうのか。それを宝物として残したいから、人にあげたくもなるのだ。

僕の持っている、辻まことの著作すべては、ある日、ある方からいただいたものだ。

「長い間、宝物にしていたけれど、そうやってしまいこんでいても何の役にも立たないし、そうは言っても置いてあるだけで、読み返すわけでもないから、君に差し上げようかと思って。君なら良いかと思って……」

ある日、その方の宅を訪れたとき、テーブルの上に、辻まことの著作がどんと置かれていた。ほとんどが署名本だった。

仕事柄よく思うが、本を差し上げるくらいむつかしいことは無い。よく知らない本を選ぶわけにはいかず、差し上げたい本は、自分が好きな本に違いないから、何かを押し付けるような気がしてならない気恥ずかしさもある。

しかし、いただいた本というのは、自分で選んだ本の読み方よりも、二倍も三倍もの楽しさがある。僕はそれを本というよりも一通の手紙として大切にしたい。その方が書いてくれた手紙として、文章を読んでいく。あたかも宝物を引き継ぐようにして。

すぐに僕は辻まことに夢中になった。

『画文集 山の声』／辻まこと／東京新聞出版局／1971年
『すぎゆくアダモ』／辻まこと／創文社／1976年

025

バラのドライフラワー

ニューヨーク西七二丁目の部屋は、ジャズクラブ「バードランド」でピアニストをしている女性から借りていた。はじめはひと夏だけの、一時貸しの約束だった。しかし、彼女がボーイフレンドと同棲をはじめたことで、結局八ヶ月もの間、借り続けることができた。部屋にはグランドピアノが置かれていて、週に二度、彼女はピアノのレッスンをする。そのときだけ僕は部屋を留守にする約束だった。

暮らしていた八ヶ月の間、僕と彼女が顔を合わせたのは二度だけだった。新聞の不動産欄で「部屋を貸します」の記事を見つけ、電話して、面接のようなことをしたときと、ピアノのレッスンの日にうっかりと部屋に帰ってしまったときだけだ。

どうしても部屋を借りたかった僕は、彼女とはじめて会うとき、バラの花束を持って行った。嘘のような話だが、運良く彼女がバラ好きだったため、僕は部屋を借りることができた。僕はここぞという勝負のとき、つねにバラに助けられてきた。

部屋を返す日、僕はバラの花束を部屋に残した。ドアを閉め、カギをドアの隙間から部屋の中に投げ入れて、僕はニューヨークを去った。僕のニューヨーク暮らしは、バラではじまりバラで終わった。僕にとってバラはラッキーアイテムだ。

部屋にはいつもバラのドライフラワーを置いている。

026

シェリー・オルセンさんの陶器

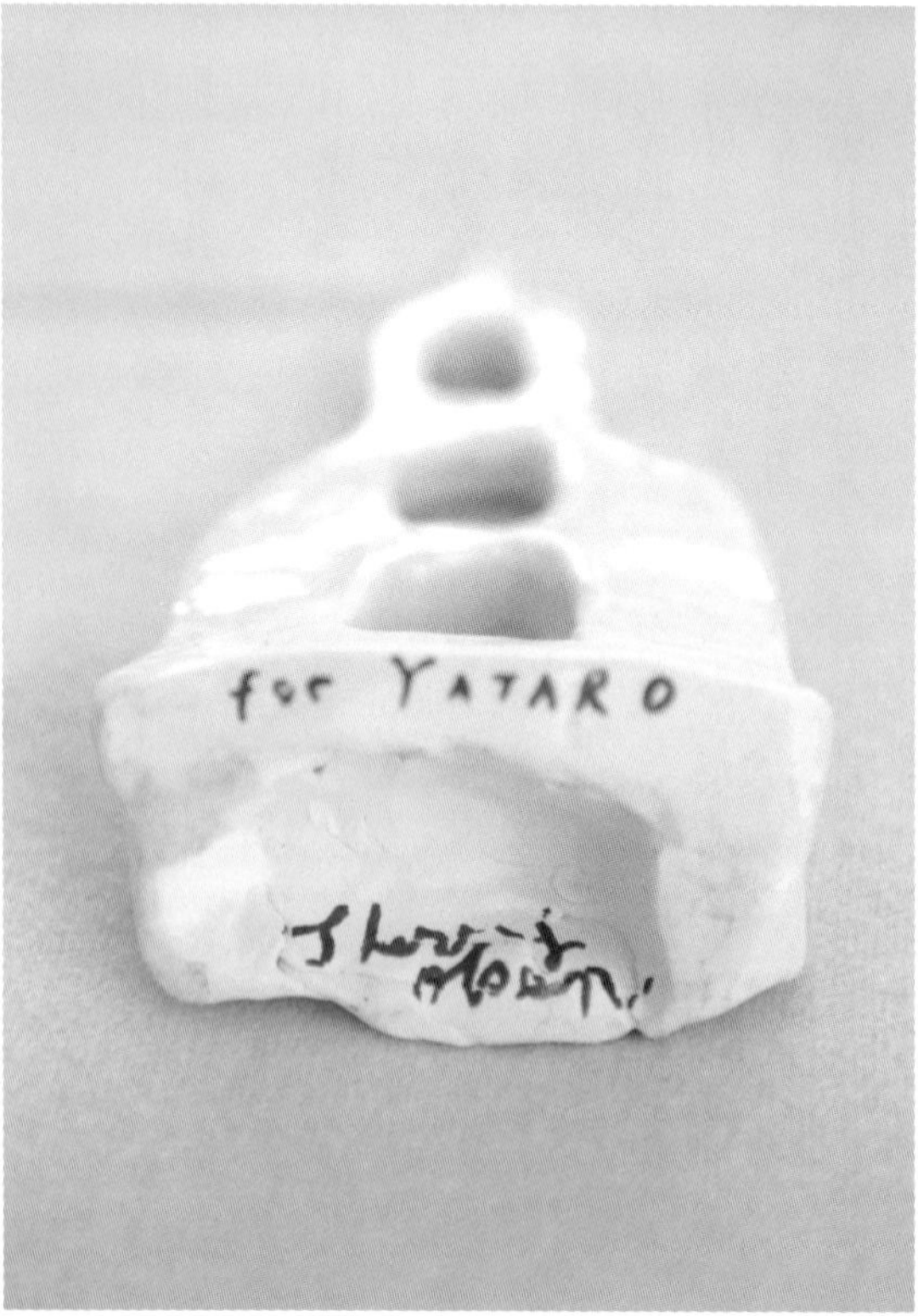

カリフォルニア州バークリーのシャタック通りに自然療法の小さな薬局があった。覗いてみると、アロマオイルや、フラワーエッセンスや、漢方薬などが狭い店内にぎっしりと並んでいた。店の名はLhasa Karnakという。アンティークの眼鏡をかけた店の女性に挨拶をすると微笑《ほほえ》んだ。「何かお探しのものは?」と訊くので、「こういう自然派の薬局が好きで、置いてあるものを見てるだけで嬉しいんです」と答えると、「わかる。私もよ」と言ってウインクした。レジの後ろに飾ってある花瓶がすてきなので、「それは誰かの作品ですか?」と訊くと、「シェリー・オルセンさんの作品よ。彼女はバークリーに住んでいるわ」と教えてくれた。薄い茶色のストライプが美しい花瓶だった。「今、この通り沿いのギャラリーで展示してるのよ」女性は店の外まで出て、ギャラリーの場所を教えてくれた。彼女の陶器作品は、花瓶だけでなく、お皿やオブジェなど様々だった。すべて茶色のグラデーションで作られているのがとても良かった。それから僕は彼女の作品のファンになった。

その後、シェリーさんとは取材を通して知り合うことができ、ある年の僕の誕生日に彼女から教会の形をした置物が届いた。シェリーさんの家に飾ってあったものと知って嬉しかった。色合いは最初に薬局で出合った花瓶と偶然にも同じだった。

027

『路上』と『北回帰線』

路上 ON THE ROAD
SUNBEAM
Motel
ENTRANCE
Henry Miller
HENRY
MILLER
北回帰線
ヘンリ・ミラー／大久保康雄 訳

十七歳から読み続け、いまだに飽くことなく、肌身離さず置いている二冊の本がある。

ひとつも価値を見つけられずに高校を中退したり、ひたすら何かを求めて海外に出かけたり、大人になってからも、答えをひとつも持たずに平気でいられたのは、この二冊のおかげだ。

十七歳のときにこの本に出合って、果たして良かったのかどうかわからない。しかし、少なからず僕にとっては人生を左右した本には違いない。そしてかけがえのない友人のような存在だ。

この二冊を、他人にもすすめられるかというと、うなずけない。僕にとっては幸いにも良き友となったが、すべての人にとって、良き友になるとは言えないからだ。

自由であること。自分らしくあること。独りであること。創造すること。夢を持つこと。誇りを持つこと。これらすべてを僕は『路上』と『北回帰線』から教わった。

誰にでも何かを恐れる時期がある。その恐怖を乗り越えなくてはならないとき、側《そば》にいて支えてくれるものは何なのか。それが僕にとっては、誰かでもなく、ものでもなく、たった二冊の文庫本だった。

読書の良さは、いつでも独りになれること。そして、いつでも側に置いておけること。

本はいいなあ。

『路上』／ジャック・ケルアック／河出文庫／1983年
『北回帰線』／ヘンリー・ミラー／新潮文庫／1969年

028

レインブーツ

小さな頃、雨が降ると長靴を履いて学校に行くようにと母に言われ、嫌々履いて出かけたことを思い出す。歩きにくくて、重たくて、カッコ悪くて、ゴムの匂いがする黒い長靴が僕は嫌いだった。子どもは、雨だろうと雪だろうと、いつでもどこでも思いきり駆けまわりたいのだ。長靴は雨に濡《ぬ》れないけれど自由に走ることはできなかった。そんな記憶があるから、大人になってからも長靴なんて履くもんかと思っていた。

好きな人と、しとしとと降る雨の中を、傘をさして散歩するのは案外いいものだと知ったのは三十を過ぎてからだ。しかし長靴を履かない僕の足元はいつも雨で冷たく濡れていた。

レインブーツがあると雨の日の散歩がもっと楽しくなるよ、と教えてくれた人がいた。長靴ではなく「レインブーツ」という呼び方が僕を素直にさせた。男が履けるレインブーツはあるのだろうかと気にしていたら、フランスのル・シャモーという老舗レインブーツメーカーに出合った。内側はレザー張りになっていて、履いたり脱いだりしやすいようにサイドがジッパーで開閉できるなど機能に富んでいる。色も黒ではなくカーキなのが良い。どんな格好にも合うだろうと思った。これを履いて雨の中をどこまでも散歩したいと思った。

レインブーツのおかげで、雨の日が憂鬱ではなくなった。

029

capay valley のはちみつ

僕の生活にはちみつは欠かせない。買い置きが無くなりそうになると、そわそわして仕方がない。そのそわそわのはけ口はいつも旅になる。

サンフランシスコ郊外グインダ村で靴を作る友人の家を訪れるとき、その途中の道路脇ではちみつを売る人に気付いたのはずいぶん前のことだ。車を停《と》めてまで買おうという気持ちが湧かずいつも素通りをしていたが、あるとき、ちょっと見てみようと思ったのは、はちみつを売るテーブルから十メートルくらい離れたところに、解体中の古い家があったからだ。古い家は柱だけになり、その有り様がとても美しく見えた。テーブルに近づくと、カップルが気さくに挨拶をしてきた。よくある熊のボトルに自家製はちみつを入れて売っている。ひとつ五ドル。味見させてもらうと、くせがなくて味が濃くてとてもうまかった。どこで作っているかと訊くと、すぐそこだと言って、何も見えない丘を指差した。一ダース買った。解体中の家のことを訊くと、これからふたりで作って住むんだと微笑んだ。持ち主が知り合いで、朽ち果てているから勝手に直して住んでもいいと彼らに渡したという。ふたりはあと一ヶ月で住めるようになると言った。

はちみつを買うことと、完成したふたりの家を見に行くという旅の目的がひとつできた。あれから二年が経っている。

030

MAROBAYAの風呂敷

旅に風呂敷は無くてはならないもののひとつだ。風呂敷とは何か？　と訊いて、相手がどう答えるかはとても興味深いことのひとつである。「風呂敷とはバッグ」僕はこう答える。

紙袋が無かった頃、要するにバッグと呼ばれる西洋文化が無かった時代、日本ではー枚の布でそのすべてを何百年もまかなっていた。今では風呂敷はレトロになり、風呂敷を抱えて歩く人の姿を見ることはなくなった。

さすがに風呂敷を日常のバッグとして使うことはないが、旅に出るとき、着替えの洋服やちょっとした小物を包んで、小分けにするのに重宝している。いろいろな大きさに対応できるし、包みを開けてしまえば一枚の布になるからかさばらない。トランクの中が整頓できてとても便利だ。

ある日、友人から風呂敷をいただいた。MAROBAYAというところのもので、まっ白のやわらかい木綿生地のものだ。まっ白の風呂敷にちょっとした感動を覚えた。いわゆる和風の雰囲気で、ナイロンやシルク素材の風呂敷が苦手だったので、MAROBAYAの風呂敷に上質な日用品としての太鼓判を押したくなった。この風呂敷らしからぬ有り様に「役に立つ、何でも使える大きくて白い布」と勝手に命名をした。旅先では、ストールになったり、タオルになったりと変幻自在の優れもの。

031

Dr.Bronner's の マジックソープ

ニューヨークでアパートが見つかるまでの間、知り合いや友だちの家を泊まり歩いていた。一軒の家に三日以上泊まると迷惑だと勝手に思い、三日泊まったら出て行き、他の家に泊まり、そしてまた三日泊まったら出て行くを繰り返していた。泊まれる家など多いはずがなく、少し経って同じ家に戻って来ることはしょっちゅうだった。

そうやって他人の家を泊まり歩いていて、たまたまなのか、どこの家のバスルームにも置いてあったのが、マジックソープだった。ヘアシャンプーであり、シャワージェルでもあり、食器洗いにも使えると聞いて驚いた。しかもケミカルな材料を一切使っていないナチュラルソープであることにさらに驚いた。

最初に強く魅《ひ》かれたのはアーモンドの香りだ。石鹼《せっけん》の香りでアーモンドなんて想像すらできなかったからだ。ほかの言葉でたとえるなら、まさに杏仁豆腐《あんにんどうふ》の香りである。ラベンダーやペパーミント、ティートゥリーという種類もあったが、なによりアーモンドに僕の心は摑《つか》まれた。

日本に帰るときに、どれだけのマジックソープをお土産として買ったかわからない。可笑《おか》しなことに、買い置きが無くなるとあわてふためいて、アメリカに行かなければと真剣に思って旅立った。刺激の弱いベビー用で、生まれたばかりの娘のからだをはじめて洗った日を今でも思い出す。

032

アングルポイズのテーブルランプ

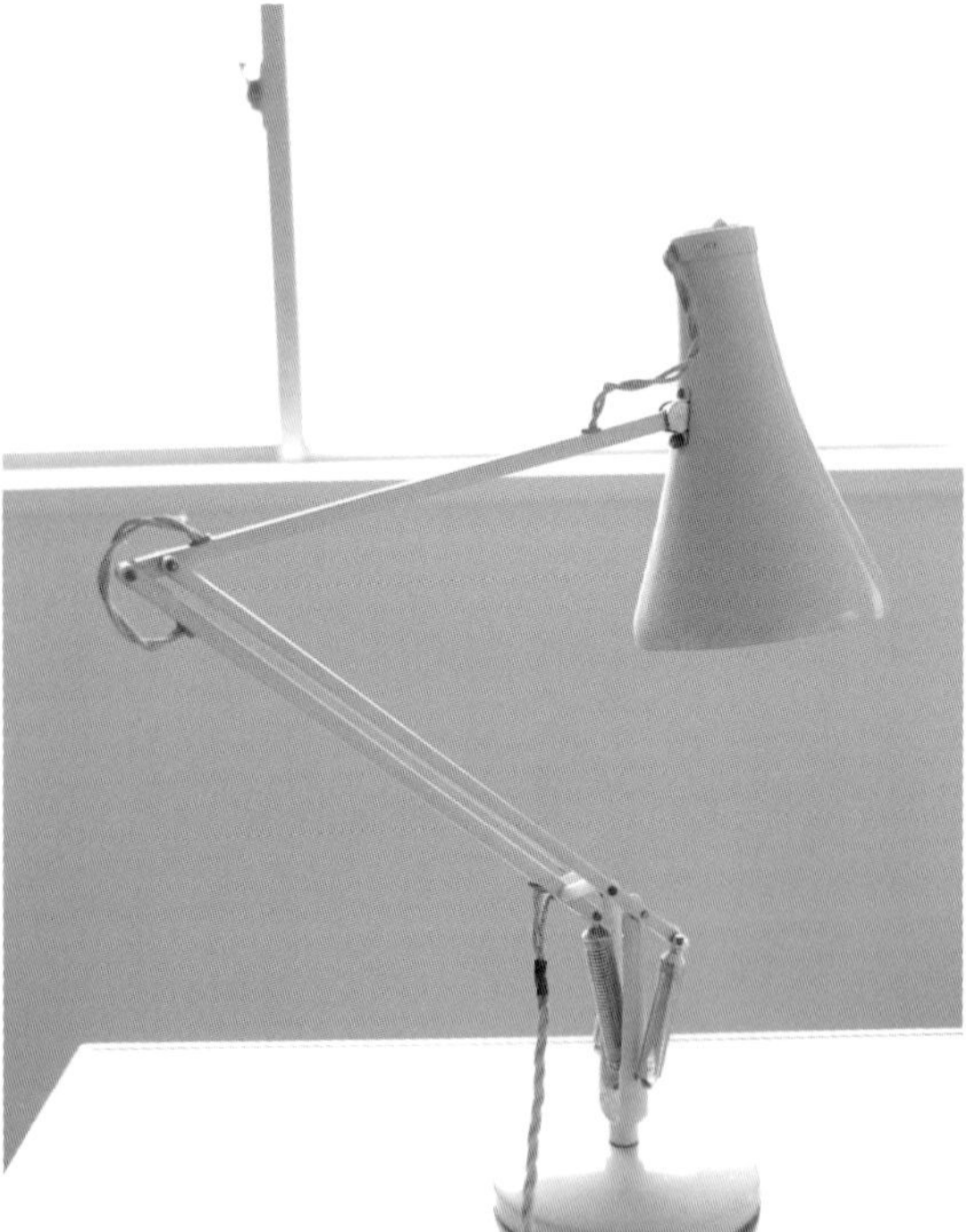

部屋のあかりはできる限り、間接照明で統一している。直接照明はダイニングにぶら下がったペンダントランプひとつしかない。食事はできるだけ明るいあかりの下で食べるほうが美味しいからだ。

暮らしと太陽の動きはともにある。朝から昼、昼から夕方、夕方から夜というように、まぶしさや明るさ、やわらかさや暗さ。こういった一日のあかりを味わう暮らしが本来だろう。だから、人工的な明るさは最小限にしたい。

ひとつ、ふたつと、少しずつだがアングルポイズのテーブルランプが家のあちこちに増えている。古き佳《よ》きイギリスの工業製品にみられる質実剛健なデザインと構造が気に入っている。

たとえば、僕の仕事部屋は十二畳の部屋だが、日が暮れて夜になるとアングルポイズが二台、フロアランプが二台、デスクランプが一台といった五台のランプが間接照明としてあかりを灯す。すると部屋の雰囲気が、昼間の働く空間から、夜のからだと心を休めるためのやさしい空間へとがらりと変わる。

豊かな暮らしとは、こういった雰囲気の変化がもたらしてくれる味わいがエッセンスになり、生まれるのだろう。

夜テーブルランプの下で手紙をしたためているとき、秘め事のような気がして、うきうきする。

033

レインボウペンシル

写真家のベルナール・フォコンのオリジナルプリントを知人から大量に見せてもらったことがある。フォコンと親しい知人は、日本においてフォコンの写真集の出版も手がけていた。

職人の手による、古典的技法のフレッソンプリントの独特の味わいに息を飲んだ。プリントの裏には、フォコン直筆による、署名とタイトル、エディションが書かれていた。プリントの美しさもさることながら、その裏に大きく書かれたフォコンの文字に目を奪われた。文字の色は、青であったり赤であったり黄色であったりと、まるでマーブルのように色が様変わりしていた。

「以前、僕が彼にレインボウペンシルをプレゼントしたら、彼はそれをとても気に入って、それからというもの署名などを、全部このレインボウペンシルで書いているんだよ」と言って知人は微笑んだ。知人は自分が持っているレインボウペンシルを見せてくれた。軸はちょっと太めで、上から見ると、芯が赤と緑と黄と青に分かれていて、書く角度によって色が変わっていく色鉛筆だった。

その後、サンフランシスコＭＯＭＡのミュージアムショップでレインボウペンシルを見つけたとき、僕は有頂天になって買い占めた。

僕の書いたレインボウペンシルの文字はフォコンの真似なのです。

034

SMYTHSONのアドレス帳

文房具はイギリスのものが良い。

システム手帳が普及した八〇年代の頃、アメリカのHARPER HOUSEというシステム手帳ブランドが、六穴式のバインダーノートで生活と仕事をオーガナイズする便利さを広めた。しかし、その五十年も前にイギリスには同じ機能を持つFILOFAXがあった。そして、そのFILOFAXにもLEFAXという前身があり、システム手帳の歴史は一九二〇年代に遡る。イギリス恐るべしである。

文房具において、アメリカとイギリスと日本を比べると、悩むことなくイギリスに軍配が上がる。評判の良い日本製は、いくら品質を上げても、所詮《しょせん》、西洋文化の後手であるから仕方がない。品質が良くても、いつまでたっても味気ない。職人的技術が乏しいアメリカは、大量生産は得意だが、手仕事となると面目を失う。

ロンドンにある文房具店SMYTHSONに行くと、ため息がでるほどそれが実感できる。書体、印刷、レイアウト、紙質、色という、ペーパープロダクツという文房具の技術とセンスと遊びが、イギリスのスタンダードとして存在している。

SMYTHSONのアドレス帳に、新しい名前と住所を書き入れるとき、快感のような不思議な心持ちが湧いてくる。ブルーの用紙にインクで書いた文字の沈み方にエスプリを感じる。

035

アンティークのクッキー缶

ある朝、パリのバスティーユ広場の近くの、パリらしからぬアットホームなカフェで待ち合わせをしていると、いくつものクッキー缶を胸に抱えて持った女性が入って来た。大小のクッキー缶はどれもがアンティークだった。中身が入っていて重そうに見えたので一体それがなんだろうと気になった。女性はカフェのカウンターでクッキー缶のふたを開け、敷いた紙の上に逆さにして、よいしょっと揺さ振った。するとクッキー缶から、湯気とともにスポンジケーキが落ちてきた。

女性はカフェにケーキを納品しに来た人のようで、ケーキはクッキー缶を型にして作られたものだった。クッキー缶は細長かったり、深さがあったり、丸かったりして、ケーキにひとつも同じかたちはなかった。その手作りな感じがとても良くて、思わずこれのどれかひとつを注文できるのかと訊いてみた。すると、ひとつひとつ味が違うから、選んでくれたらカットするわ、とカフェの女性は微笑んだ。僕はオレンジピールの入ったカステラを選んだ。パリの濃いコーヒーに合い、とても美味しかった。クッキー缶をケーキ型にするなんてセンスがいいなあと感心した。ある日、ロンドンで見つけたクッキー缶でカステラを焼いてみたら、とてもうまくできた。クッキー缶のまま、誰かにプレゼントしたらきっと喜んでもらえるだろうと思った。

036

アークテリクスの
アルファLTジャケット

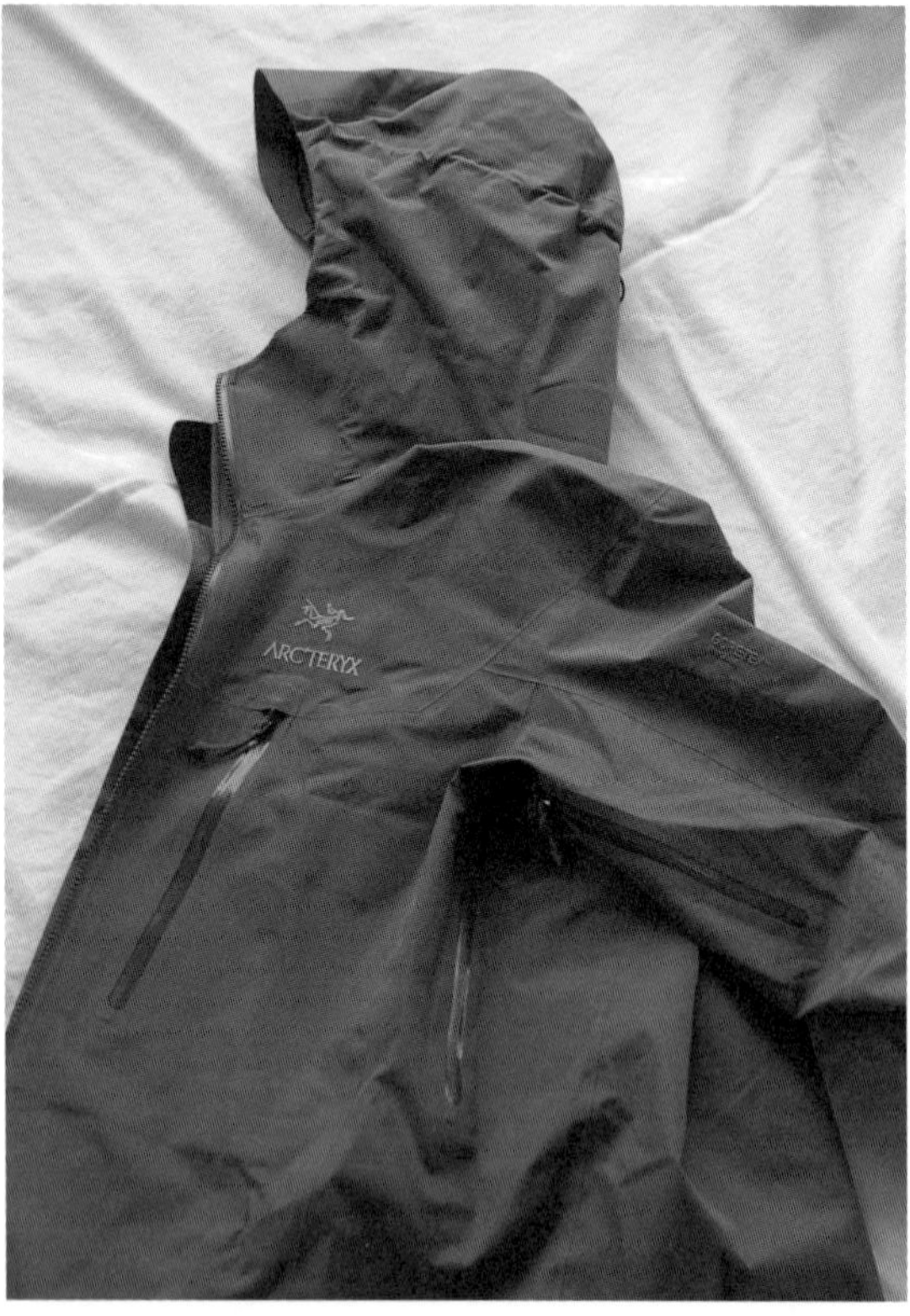

カリフォルニア州東部を縦断する、世界一美しい登山道、ジョン・ミューア・トレイルに挑んだ。出発を七月にしたのは理由があった。最も天気が安定するのが七月と知ったからだ。

シエラ・ネバダ地方の気温差は激しい。朝晩は真冬並みで日中は炎天下だという。しからば効率的な重ね着が必要となる。レインジャケット、フリースジャケット、メリノウールTシャツ。これらを脱いだり着たりして体温の調節を行った。レインジャケットは、カナダで作られているアークテリクスのアルファLTジャケットを選んだ。ゴアテックスの中でも、超軽量とされる新素材アルファを採用し、デザイン性、機能性ともに富んでいる。長期のトレッキングの場合、装備の重量にはシビアになる。軽くて高性能なレインジャケットは重宝される。

シエラ・ネバダで、何度もスコールにみまわれた。登山中、さっきまで炎天下だったのに、雨が降れば、急に真冬のような寒さになり、あわててアークテリクスのジャケットを着た。これを一日に何度も繰り返した日があった。標高四千メートルの高地に至ったときの尋常ではない風雨にもアークテリクスのジャケットは、想像を超えた防水性を発揮した。薄くて、軽くて、雨風を通さず、蒸れずに動きやすい。都会ではオーバースペックであるが、山では命を守る一着と思い知った。

037

パン切りナイフ

普段の暮らしにおいて僕は料理をしない。とても横着でえばっているように思われるが、何があろうと料理には手が出せない。焼いたり、切ったりくらいはできるが、料理はほとんどできないと言っていいだろう。大好きなカレーでさえ、自分で作ろうとも思わない。何でもやりたがりの自分だから不思議で仕方がないが、料理だけは作るよりも、作ってもらうのが好きだ。

　よく知る料理研究家の友人が、「ひとり暮らしなら別だけど、家庭を持つ男は料理をしないほうがいい」と言うので、僕は大きくうなずき、さらに「男でお菓子まで作るようになったら、ちょっとね……」と言ったときには、お菓子を作る男が幾人もまわりにいることを忘れて、立ち上がって手を叩《たた》いた。

　僕の仕事場にはキッチンが無い。しかし食事はする。そこで無くて困るのは、包丁であったりナイフである。パンを切ったり、チーズを切ったり、果物を切ったりするからだ。料理をしないのに包丁を買うのはどうかと思いながら何年か経ったある日、これだと見つけたのが、鳥取で作られているパン切りナイフだった。鳥取民藝美術館の創設者であり、日本ではじめて民芸店を開いた故・吉《よし》田《だ》璋也《しょうや》氏がプロデュースしたものだ。かたち良く、大きさ良く、切れ味は良すぎるくらい良い。鋼を薄く手打ちしている名工の技がわかる。

038

仲村《なかむら》旨和《むねかず》さんの
カッティングボード

たいして料理をしないのに、台所道具をあれこれ見たり触ったりするのが好きだ。外国を訪れて、そういった生活雑貨を売っている店を見つけると嬉しくなる。そしてまた、人の家を訪れても、家具やインテリアには、ひとつも興味を抱かず、その家で普通に使い込まれた日用品に魅かれる。そういうものを見つけては、いいなあ欲しいなあ、と言って、持ち主を困らせてしまう。

ロンドンのブリックレーンという町が好きで、訪れるたびによく散歩をする。レンガ作りの工場跡地の横丁にあるSTORYというカフェが好きで、いつも足休めをする。この店は一見、小さな小麦倉庫のような趣がある。店内に小麦の袋がいくつも積まれているからだ。大きな一枚板のテーブルがあり、段ボールでできたスツールが置かれている。コーヒーや紅茶はもちろんのこと、サラダやサンドイッチが実にうまい。そして、そういった料理は皿ではなく、すべて使い込まれたカッティングボードに載せられて出てくる。そのなんとも言えないセンスが好きだ。使っているものに、ひとつも新しいものはなく、すべて道具然としたもので揃えている。

原宿のファーマーズテーブルで、木工作家の仲村旨和さんのカッティングボードを見つけたとき、これに料理を載せて食べようと思った。使い込んだらきっといい味わいになるだろうと思った。

039

宮脇賣扇庵《みやわきばいせんあん》の扇子

邦枝完二《くにえだかんじ》の小説が好きでよく読んでいる。『おせん』をはじめ代表作は数あるけれども、一番好きなのは『江戸役者』である。小村雪岱《こむらせったい》の挿画も実に良い。江戸時代末期における、様々な男と女の事件や、役者や市井の人々の実話を元にした物語は一度読むと止められない面白さに満ちている。

邦枝完二が、思い出を綴《つづ》った『双竹亭《そうちくてい》随筆』に、小村雪岱が亡くなったときのことが書かれている。雪岱さん（このように呼んでいたらしい）は、酒豪であったが、とても品良くひとり静かに呑《の》む人だったとか、人柄の良い人であったとか、おしゃれであったとか、たくさんの貴重なエピソードを読むことができる。どこで読んだか失念してしまったが、雪岱が、京都高山寺の鳥獣《ちょうじゅう》戯画《ぎが》を好んでいて、愛用していた扇子の絵柄が鳥獣戯画だったという文章を憶《おぼ》えている。鳥獣戯画が描かれた扇子がとてもすてきと思えた。

いつかの夏、京都の宮脇賣扇庵《みやわきばいせんあん》を覗いたとき、鳥獣戯画が描かれた扇子を見つけて大喜びした。それからというもの、憧れの雪岱とお揃いだと得意になって持ち歩いている。扇面には柿渋を引いた紙を使い、いい香りのする本煤竹《すすたけ》の扇骨、鳥獣戯画は本金泥《きんでい》で描かれている。

夏の暑い日に扇子をあおぐと、いい風がそよいで心地が良い。扇子の中の踊るうさぎが、すこぶるかわいらしい。

040

オリベッティ社のタイプライター

本屋をはじめた頃、店を持たずに、ご用聞き歩きをして本を買ってもらっていた。サンプルの本を持って歩くには限界があるので、在庫本は何枚ものリストにして、こんな本がありますとお客に説明して歩いた。

そのリスト作りに活用したのが、英文タイプライターだ。僕の扱う書籍は洋書だから、これで充分に事が足りた。外国の本屋仲間に向けた、探求書や注文書のリスト作りも、タイプライターで打った。港区赤坂の三分坂《さんぷんざか》の上、はじめて持った小さな本屋で、タンタンタンと、タイプライターを打つ音を耳にしたお客は少なくないだろう。インターネットもメイルも無かった時代だ。整理された情報の通信手段の多くはファックスだった。

タイプライターはオリベッティ社の「DORA」というモデル。二つ上の姉が、商業高校に通っていた際に買ったもののお下がりだ。姉がワープロに買い替えたためもらい受け、今でも現役で使っている。インクリボンさえ替えれば、なんら問題なく文字がきれいに打てる。

外国の友人に手紙を書くのに、ポストカードや便せんに文字を打って送ると喜ばれる。日本の友人には、ローマ字使いで文章を打って送ると面白がられる。どちらも活版による文字の味わいが新鮮だ。駆け出しの頃、これで自分の名刺を何枚作ったかわからない。

041

小《こ》村《むら》雪《せつ》岱《たい》の木版画

挿絵画家の小村雪岱は、原田治《はらだおさむ》さんの『ぼくの美術帖』を読んで知った。二十年以上前のことだ。読んだ頃は、アメリカかぶれだったので、この一見、浮世絵のような絵の魅力は、原田さんの文章を幾度読んでみても、わかったようでひとつもわからなかった。ガラス玉だった僕の目には、いくら日本のモダニズムと言われても、さっぱりだった。

その数年後、ニューヨークにいた頃、旧知の古書店の主に「この本が大好きだ」と一冊の本を見せられた。それはケースに入った横長の本で、表紙には『小村雪岱画譜』とあった。一度別れた人とまた会ったような気になった。「もちろん知っている」と答えた。主は「とにかく余白、そして光と影の表現がすばらしい。構図のうまさは写真家のブレッソンを越えている」と言った。不思議なもので、日本人の原田さんの言葉には上の空のくせに、外国人の言葉にはぐっと惹《ひ》きつけられた。それからというもの、雪岱が装幀をした、泉鏡花の『日本橋』を手に入れたり、人気を博した『おせん』の挿絵を集めたりした。今となっては、ちょっとした小村雪岱通のつもりで、他人にこれがあれがとうんちくをたれている。

神田小川町のブックブラザー源喜堂で買った『a beauty』は、外国向けに刷られた木版画だ。秋になると壁にかけて悦に入っている。

042

高村光太郎の『山の四季』

五年ほど前、岩手県花巻市にある高村光太郎が晩年に暮らした山荘を訪れた。

写真でしか見たことが無かった高村山荘は憧れだった。山荘というと聞こえはいいが、人がひとり寝るのが精いっぱいの簡素な掘っ立て小屋だ。板一枚の壁の隙間からは風がひゅうひゅうと入り込み、冬の雪の夜には、朝起きると、布団の上に雪が積もっていたともいう。光太郎は小屋の前で畑を耕し、野菜を育て、自給の生活を送った。電気も水道もガスもない。手作りの厠《かわや》を囲む板壁には、「光」という文字が、あかり取りとして、くり貫《ぬ》かれている。

光太郎は、妻の智恵子亡き後、自らの人生を振り返り、疎開と称して、あたかも罪滅ぼしのようにここで暮らした。寂しくなると、光太郎は小高くなった山の中腹の見晴らしの良いところから「ちえこー、ちえこー」と叫んだ。

『山の四季』は、山荘での衣食住、山口村の人々とのふれあい、花巻温泉と宮沢賢治のこと、美と真実について、回想録など、まるで子どもに聞かせるようなやさしい文章で綴られた随筆集だ。

巻頭に「山の雪」がある。僕はこの文章がとても好きで、何度も何度も書き写し、声にして読んだ。

僕の夢は、雪の積もった冬の夜、一度で良いから、山荘で眠ることだ。光太郎の「山の雪」をそこで読みたい。


 『山の四季』／高村光太郎／中央公論社／1956年

043

ペーパーナイフ

ペーパーナイフを使いこなせるようになったのは、いつ頃からだろうか？　だいぶ大人になってからには違いない。ペーパーナイフなど無くても、指で手紙は開封できるし、紙を切りたければカッターナイフで事が足りる。それなのに僕がペーパーナイフを必要とするこだわりは、憧れの大人のスタイルであり、ひとつの流儀である。

十代の頃、羨望する年上の人が働く姿を見る機会があった。そのとき、彼がペーパーナイフで封筒を開ける洒脱《しゃだつ》な所作が目に焼き付いている。

そしてまたアメリカの本屋で、包装紙をペーパーナイフで切る、その店の店主の大人っぽい手つきも印象が深い。

はじめて買ったペーパーナイフは、ダネーゼ社のウェーブレターオープナーだ。エンツォ・マリのデザインによるステンレス製。両端がナイフのかたちになっていて、真ん中からぐいと廻《まわ》すようにひねられている。まっすぐでない分、最初は使うのにコツを要した。使っている内にどんな封筒でも開ける苦労はなく、サッとできるようになった。ペーパーナイフで紙を切ったとき、それがうまく切れた感触と、紙を裂いた質感がなんとも言えず好きである。

柄が大鹿のペーパーナイフは、カナダ好きの友人から贈られたもの。道具としては駄目だが、モノとして気に入っている。

044

J. M. Westonのゴルフ

四十歳を過ぎた頃からスニーカーを履く機会が少なくなった。それは好みや気が変わったということではなく、スニーカーが自分に似合わなくなったというのが本当だ。着ている服は同じなのに、なぜスニーカーが似合わなくなったのか。それは間違いなく風貌の変化だ。

四十歳にもなれば、さすがに中年だ。中年には中年らしい、それなりの格好があると思うが、中年にとってスニーカーは、実を言うと非常に着こなしがむつかしいアイテムになってくる。

人というのは、歳を重ねていくと着ていて楽な格好という方向にファッションが向かうのが自然だ。それはカジュアルであったり、スポーティーであったりする。靴はもちろんスニーカーが選ばれる。しかし、そうやってファッションが、楽な方向へ向かうことは、年相応の上質なスタイルと逆行していくことだと知らなければいけない。

J. M. Westonの「ゴルフ」は、普段履きの革靴として重宝している。スニーカーをやめてから、この靴ばかりを履いている。出かけた先で、脱いだ自分の靴の置かれた姿を見て、ちょっと貧相に感じるときほど、恥ずかしいことは無い。駐車した車に戻るとき、少し離れたところから自分の車を見て、ああ、いい車だなあと思うのが、自分にとっての良い車だと聞いたことがある。靴もそれと同じだ。

045

パトリシア・カータンの『ノートカード』

カリフォルニア料理の先駆として知られるレストラン、シェ・パニースのポスターやメニューのデザインは、シェフのアリス・ウォータースのパートナー、デヴィッド・ランス・ゴインズの仕事として有名である。一年に一度、シルクスクリーンで刷られる記念ポスターは、コレクターがいるくらいに人気がある。古き佳きアールデコ時代の雰囲気と、東ヨーロッパ風のイラスト、独特な装飾を施したカリグラフィが特徴である。

シェ・パニースは、料理はもちろんのこと、食器やインテリアといった周辺の誂《あつら》えのセンスも秀逸である。その根底にはアリス・ウォータースが、二十代の頃パリに長期滞在した影響が随所に表れている。

彼女は、フランスの家庭料理と、パリのカフェとブーランジェリーの魅力にたっぷりとかぶれてアメリカに帰った。二十七歳のときオープンさせたシェ・パニースで彼女が最初に料理した一皿はパリで覚えたタルトだった。

サンフランシスコの出版社、クロニクル・ブックス刊行の、画家のパトリシア・カータンとシェ・パニースの共同で作られた『ノートカード』にもフレンチテイストが詰まっている。四季のデザートのレシピと、フルーツの絵が、まるで二〇年代のフランスの印刷物のような美しい風合いで再現されている。

 『Chez Panisse Fruit Notecards』／Chronicle Books

046

長谷川まみさんの匙

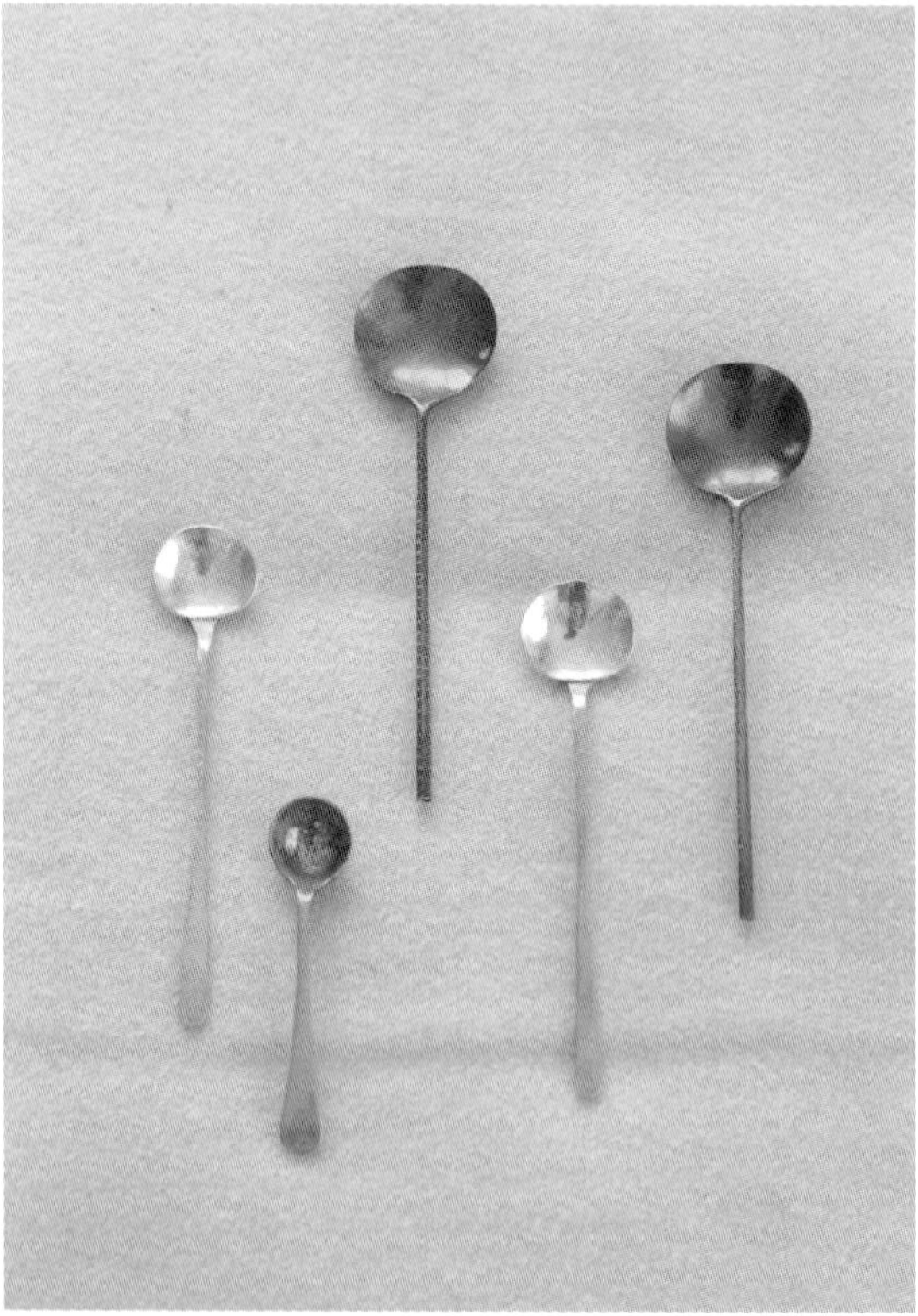

南青山のDEE'S HALLを主宰する土器《どき》典美《よしみ》さんのお宅に伺ったとき、お茶うけに美味しいこんぶの佃煮《つくだに》をご馳走《ちそう》になった。そのときに添えられた、ゆらりと糸の下がった風船のようなプロポーションの銀の匙に目を奪われた。金工作家の長谷川まみさんの個展のときに、「高級そうでない銀の匙があるといいね」と話し合って作ったものと教えてくれた。繊細ながら強く、かたちと素材が心地よいバランスで保たれている。欲しい、と思い立ち、土器さんに訊くと「もう作ってないいんじゃないかなあ」と言われて静かに膝を折った。

あきらめずに探していたら、某所の小さなギャラリーが持っていると知り、買い求めた。はちみつやジャムをすくうのに丁度良く、朝の出番が多い匙になった。

ポートランドの知人に匙の写真を自慢気に見せたら、どうしても欲しいと強くせがまれた。その気持ちが自分のことのようによくわかるから、パートナーの分とふたつ贈ることにした。せっかくだから、何かと取り換えっこをしようと提案すると喜んで承諾してくれた。

数日後、お礼の手紙と匙を使っている写真とともに、僕の大好物のグラノーラがたくさん届いた。グラノーラは知人の手作りだった。

次の日の朝、長谷川まみさんの匙で、僕はグラノーラを食べた。

047

found object　落とし物

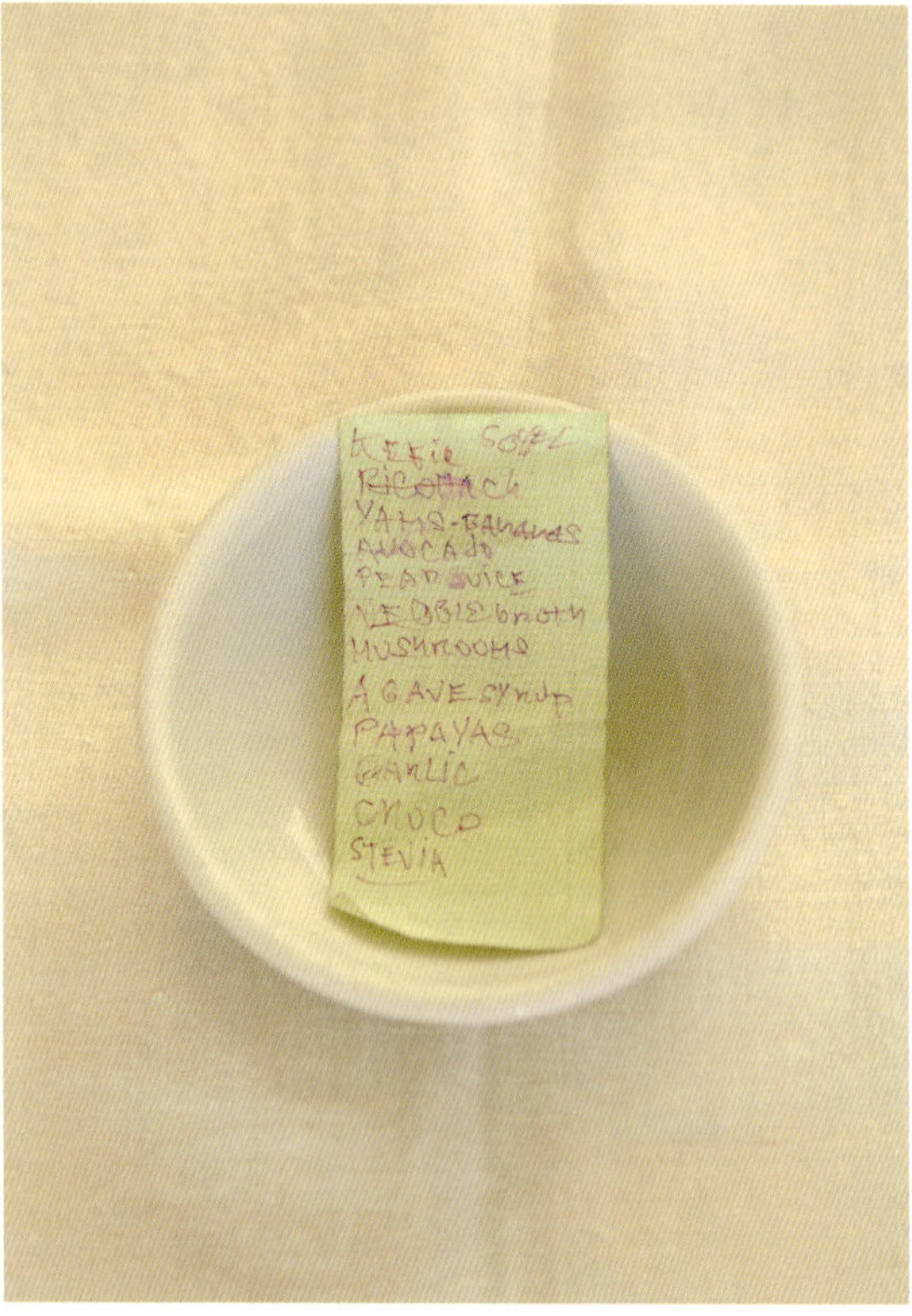

十年くらい前、美術作家の立花文穂《たちばなふみお》氏が、インドを旅して帰ってきたとき、「何か紙が落ちていないか、地面ばかりを見て歩いていた」と言い、その気持ちに心から共感できた。ポイントは「捨てられた紙」である。それが人の手によって書かれた紙片であれば幸福である。

立花氏の場合、ちょっとした印刷物も範《はん》疇《ちゅう》であろうが、僕が海外で拾って嬉しいのは生活を感じさせる手書きの紙片である。地図、メッセージ、手紙、買い物リストなどいろいろある。僕はなぜかこのような人に見せるために書かれていない、自分のためだけの手書きの紙片に心を強く魅かれてしまう。

バークリーの本屋で『FOUND magazine』を見つけたときは、自分と同じ趣向の人がいるもんだと驚いた。それは捨てられた紙片を集めて紹介したマイナー雑誌である。ラブレターやバースデーカード、失敗した写真、宿題、チェックリスト、切符の半券、請求書、落書きなどといった紙片の数々。ウェブサイトでは「今日の拾い物」と、その拾った紙片を日記にして載せている。

僕の宝物は、サンフランシスコで拾ったショッピングリストだ。持ち主は相当な健康志向だとわかる。書きなぐった書体に個性が表れている。まったく飾りがなく嘘もない存在が輝いて見える。額装して飾ったら立派なアートにも見えるだろう。

048

アイリッシュリネンの
ハンカチーフ

出かけるときはハンカチを二枚持つ。できれば、毎日つねに同じものを揃えたい。するとと同じハンカチばかりがたまってしまうがそれでいい。ハンカチは白と決めている。

ロンドンのバーリントンアーケードの一番奥にアイリッシュリネンカンパニーはあった。残念なことに二〇〇六年に閉店してしまった。ロンドンを訪れるときに一番楽しみにしていた店のひとつだった。お土産もここで買うと決めていた。歴史ある老舗で、上品な老婦人が接客をしてくれる。刺《し》繍《しゅう》や飾りのないシンプルなものを求めると、棚の奥からあれこれと出してきて見せてくれる。

この店ではデッドストックという言葉はない。すべて、手織りで作られたリネン製品で、いちいち訊くと、これは二十年前のもの、これは十二年前のものと、当たり前のように答えてくれる。昔作られたものを、売れ残りと考えずに、まるで我が子のように大切に扱っている。

ここで買ったアイリッシュリネンのハンカチを越えるハンカチにまだ出合っていない。やわらかな肌触り、なんとも言えない美しい白さ、ふわりとした弾力。店が閉まったことが本当に悲しい。今では予備が手に入れられない。そこで、代わりに見つけたのが「帝国繊維」のリネンのハンカチだ。しかし、僕にとってそれは、あくまでも代わりにすぎない。

049

ジェームスロックのパナマハット

ロンドンのセント・ジェームズ通りにジェームスロックという帽子店がある。チェコの絵本作家ミロスラフ・サセックが書いた、旅絵本シリーズの一冊『This is London』（一九五九年）の中で、「一六七六年から最高級の帽子を作りつづける帽子屋さん」として紹介されている。

絵を見ると、レンガ作りの四階建て、小さなタウンハウスの一階が店で、格子のウインドウの中には、すてきな帽子が整然と陳列されている。ヘンリー八世が王室の住居として建てたセント・ジェームズ宮殿の近くだ。古くからある町の、小さな帽子屋さんというかわいらしい雰囲気に、僕は一目見てみたい、訪れてみたいと長い間、夢を見ていた。その願いは大人になって叶えられた。

店の前に立って驚いた。サセックの絵本に描かれたままの変わらぬ店構えだった。小さな木のドアを開くと、こぢんまりとした店内に芸術品のように帽子が並べられていた。英国王室ご用達の老舗の帽子屋さん。天皇陛下が頭に針のついたヘルメットみたいな道具を被《かぶ》って採寸している写真があった。店の人は「あなたも測ってみない？」とすすめてくれた。僕にでも似合う帽子を訊くと、「これがいいわ」と選んでくれた。浅く被ったら「男の人は深く被るのよ」と叱られた。パナマハットは、僕の『This is London』になった。

050

コリンズの『英英辞典』

通勤電車に乗っているとき、何もしないというのはとても辛《つら》い。大抵は早く着かないかなと、妙にやきもきしたり、車内の不快なことに気を取られたり、いらいらしたりと良いことはひとつもない。混んだ通勤電車をどうやって過ごすと良いかと考えた。

まずは読書である。それも読み慣れない洋書を読むのが良い。英文を読むには相当な集中力がいる。たった二十行くらいの文章でも、きっちりと理解しようとすると、僕の場合ニュアンス読みの癖が災いとなり、どんなにがんばっても五分はかかる。するとーページを読み終えたときには三十分は過ぎている。

読書の三十分は、あっという間である。電車に乗り込んでページを開いて読みはじめ、ふうと一息ついたら、いつの間にか下車駅のひとつ前というのが理想である。そのくらいに集中して、読書をしたいから洋書が良いのだ。

英文を読んでいると、知らない単語に頻繁に出合う。そのとき、およそこんな意味だろうな、とニュアンス読みをしてはいけない。辞書で単語をすぐに調べる。そのとき使うのが『英英辞典』だ。『英英辞典』は、英語で語意を説明しているので、これもまた集中力を必要とし、知り得ることも多く一石二鳥。

洋書を半分くらい読み進めると達成感だろうか、少し嬉しい。

051

ブリキの機関車

数年前、ひとりの女性から本棚の製作と飾りを頼まれた。仕事のようで仕事にはならなかったのは、彼女と僕が個人的な関係にあったからだ。

詩集に余白が必要なように、本棚にも余白が必要である。そして、空間が味気ないものにならないように、小さきものを置く。小さきものは、浜辺で見つけた貝殻でも良いし、どこかで拾ってきた木の枝でも良いし、思い出のグラスでも良い。本棚の中に、空や、海や、大地を作り、そよそよと風を流す。本棚とは本を整然と並べればいいものではなく、ひとつの個人的な風景として、情緒ある雰囲気を生み出してこそ本当である。

「世の中には面白くない本棚が多すぎる。わたしはとにかく面白い本棚が欲しいの」彼女はそう言って僕を困らせた。ベッドの側には愛書が山と積まれていた。

僕は本の量の四倍の大きさの本棚を作った。本棚に本が収まったとき、四分の三を余白にしようと思ったのだ。余白の中心に小さきものを置いた。僕の宝物のブリキの機関車をふたつ。彼女は機関車をいたく気に入り、「このために本棚を作ったみたい」と言って喜んだ。彼女は本を読まず、毎日、機関車で遊んでいた。

ブリキの機関車は、リオに移り住んだ彼女から、五年前にエアメイルで送られて、僕の手元に戻ってきた。

052

ゼン先生の日常着

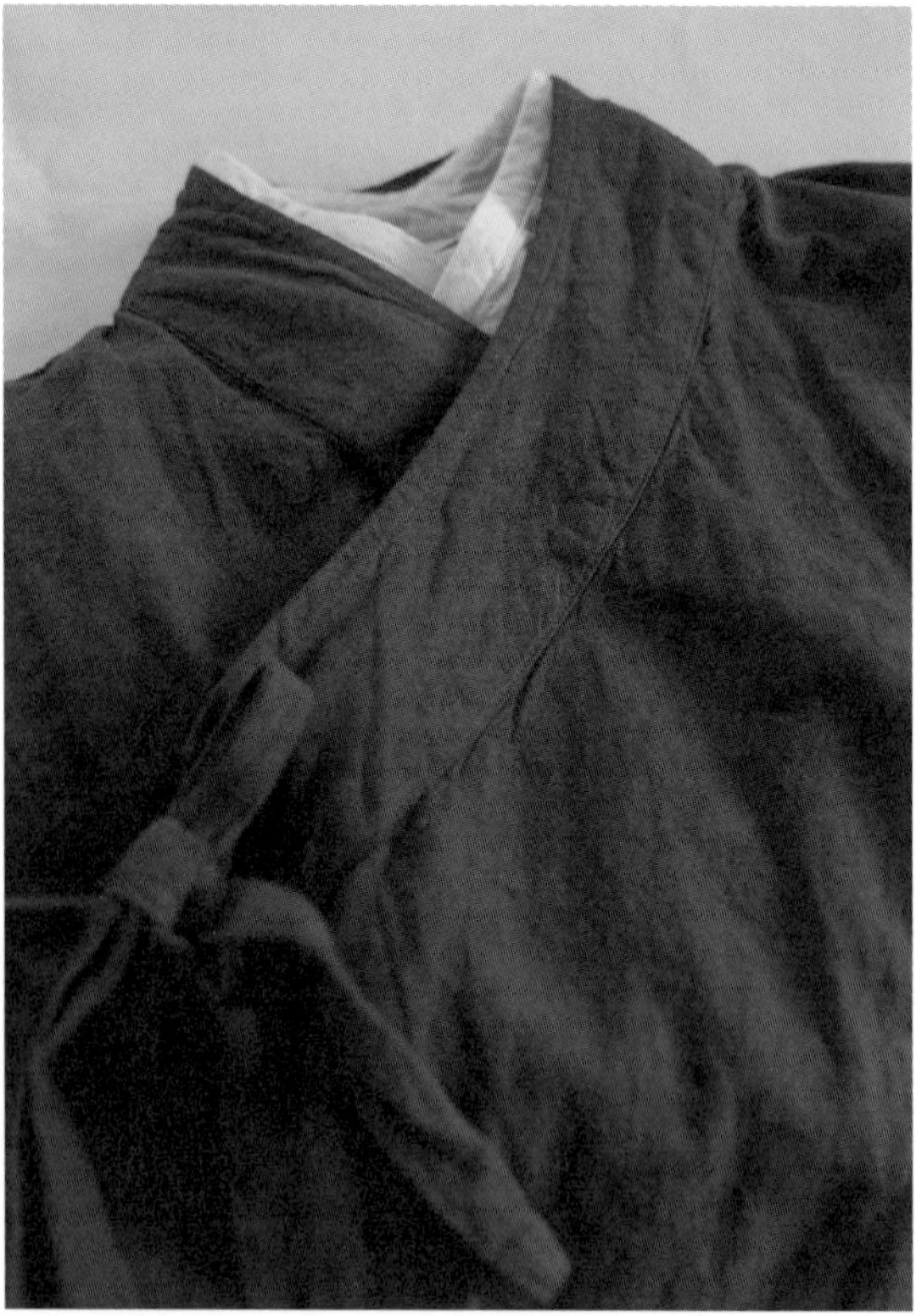

台湾への旅が最近増えている。

親しい友人ができたことも理由のひとつだが、一番の理由は、あらゆることに心地よい懐かしさを抱くことだ。それは手のぬくもりで支える暮らし方や、垣根のない人づきあいのあたたかさが生む、今の自分の暮らしから知らぬうちに無くなろうとしている安心感のようなものだろう。

台湾で知り合う文化人は、スーツにネクタイ、または、流行の服に身をかためた人がひとりもいない。東京で知り合う文化人は、個性豊かな、いわゆるおしゃれな服を着こなしているのに、この違いは一体何だろうと考えた。その答えは、良くも悪くも東京の文化人はビジネスマンでもあるからだ。台湾では、ビジネスマンのことを、決して文化人とは呼ばない。

では、そんな台湾の文化人が何を着ているかというと、不思議なことに、皆、ゼン先生という方が作る服を着ている。ゼン先生は、中国古来の伝統服を研究し、自然素材を使った上質な日常着を作っている。タグもブランド名も無いのは、見ればそれがゼン先生の服とすぐに判るからだというからすごい。店はゼン先生の家で、服はゼン先生から直接買う。一度買うと、修理や、草木染めによる染め直しもしてくれる。

ゼン先生の服が似合うか、似合わないかによって、その人の生き方が見えるようで面白い。

053

H.K.ニールセンの『古い国からの新しい手紙』

物書き職としての自分の範疇は、本にまつわるあれこれと、旅で出合う宝物の話のふたつだ。かれこれ十年以上あちらこちらに書き続けていて、本の話と旅の話のどちらが多いかと考えると、実を言うと旅の話のほうが多い。では、本と旅、どちらが好きかと訊かれたら、悩むことなく「旅」と答え、小声で「本も」と付け加える。

ひとつ言えるのは、本を読むことと旅をすることは似ているということだ。共通するのは、どちらも独りになることを求めた行為と言える。本を読むことは独りで旅に出ることであり、旅をすることは独りで本を読むことである、という流儀がここにある。

『古い国からの新しい手紙』。なんてすてきなタイトルであり、言葉なんだろう。デンマーク人の女性新聞特派員ニールセンが、ヨーロッパ旅行で見たり、聞いたり、感じたことを、手紙の宛先である日本の読者に、同じように感じてもらいたいという、やさしい気持ちで綴ったエッセイ集。全十章は、「はじめの手紙　デンマークにて」「第二の手紙　スウエーデンにて」と続き「おしまいの手紙　デンマークにて」で終わる。

この本をはじめて手にしたとき、こんな旅の本をいつか自分も書こうと心に決めた。『古い国からの新しい手紙』。なんて古びずに新しい言葉なのだろう。装幀は花森安治《はなもりやすじ》によるもの。

　『古い国からの新しい手紙』／H.K. ニールセン／暮しの手帖社／1955年

054

RAINBOWのサンダル

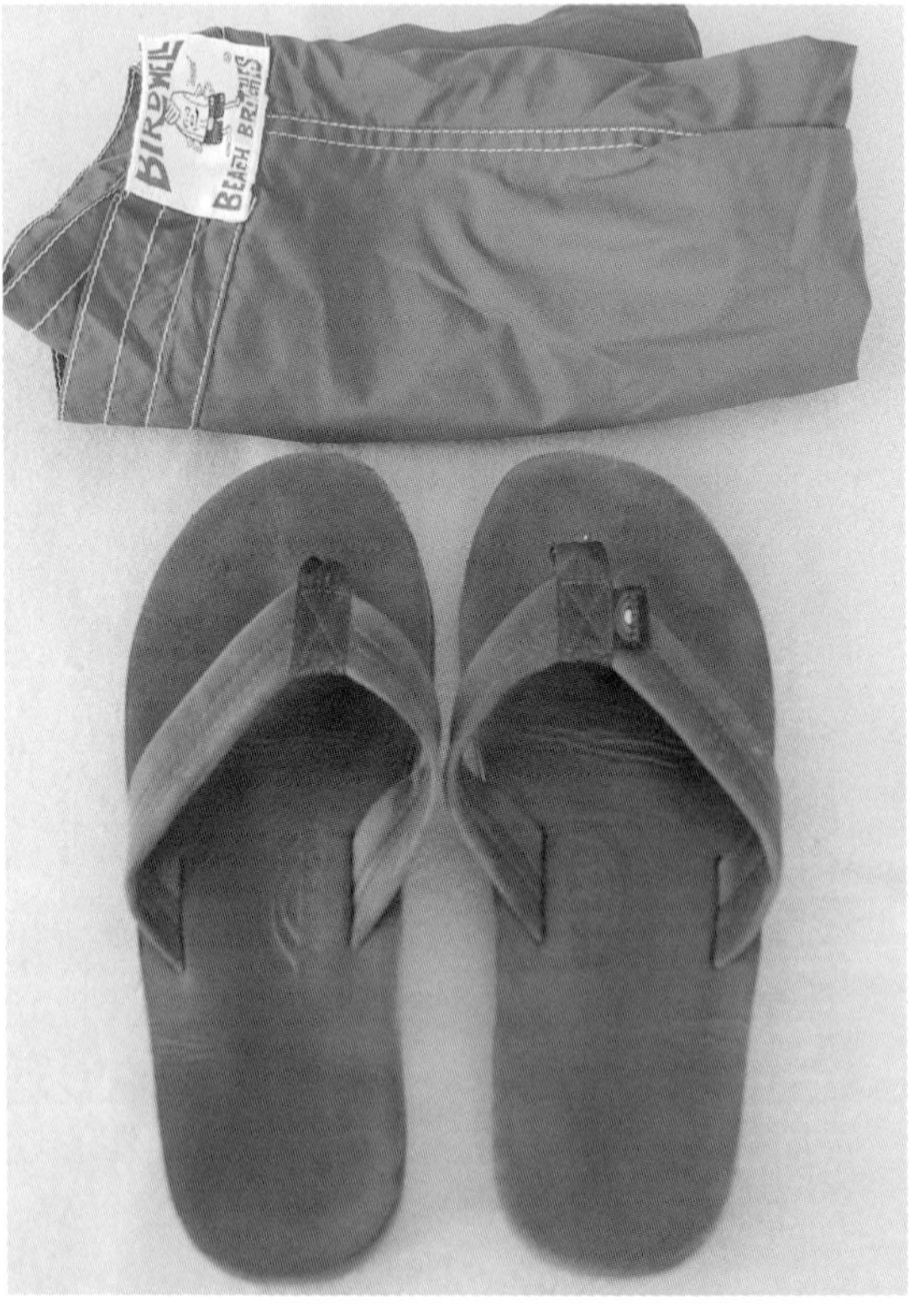

RAINBOWのサンダルを教えてくれたのは、旅の友である写真家の若木信吾《わかぎしんご》氏だ。いつだか忘れたが、かなり前に二人でU.C.バークリー校の近くで着替えの下着を買おうと入った店の奥に、RAINBOWサンダルのコーナーがあり、彼が何足も買っていた。不思議に思い、それは何かと訊くと、壊れても修理の利く、履き心地のとても良いサンダルだと言った。

当時はまだ日本では売られていなかったRAINBOWというこのブランドは、ロスアンゼルスに本拠があり、センスの良いサーファーらに支持されている、いわゆるビーサンらしい。

ビーサン嫌いの自分だが、話を聞いたら途端に欲しくなり、下着を買うのを忘れ、なぜか二足も買って帰った。

若木氏いわく一日中履いて歩いても疲れないらしい。ソールは靴に比べれば薄いが、確かにサンダルにしては厚く、クッション性に優れている。表面がレザーなので肌触りも良い。旅先の部屋でルームシューズとして履くのに良いと思い、それからの旅には必ず持って行くサンダルになった。

その後、ある雑誌を見ていたら、ボロボロになったサンダルの写真が載った広告を見つけ、よく見たらそれはRAINBOWの広告だった。そこには壊れたら必ず修理をすると書いてあって、いつか若木氏の言っていたことが本当だったと証明された。

055

イソップのクリーム

人に会うときに一番気をつけるのが手であり指先である。どんなに立派な服を着こなそうとも、どんなに髪形や、顔の手入れをしようとも、手であり指先が手入れされずに、爪が伸びていたり、肌が荒れていたり、かさかさであったりすると、自分のだらしない暮らしが見えるようで嫌だ。自慢できるほどきれいな手をしているわけではないが、手はつねに手入れを怠りたくないと思っている。

きれいな手をしている人が好きだ、と言うと誤解されるのは、料理を仕事にしている人や、もの作りをする人は、手であり指先を毎日働かせているから、肌は荒れるだろうし、傷だらけだろう。そういう一見きれいではない手がいけないのかと思われることだ。そうではない。どんなに傷だらけでも働く手はとても美しい。大切なのは手を慈しむ心持ちである。使っているからこそ大切にし、生き方が表れるところだからこそ、たっぷりと愛してあげるということだ。むつかしいことはひとつもない。手をよく洗い、ハンドクリームをよく塗り、軽くマッサージする。爪を切り整える。働く手にいつもありがとうと感謝をすること。

いろいろと試して、一番好きなハンドクリームはイソップだ。ラベンダー、ローズマリー、マンダリンのエッセンシャルオイルが配合された香りがしあわせな気持ちを与えてくれる。

056

スーパーファイン
メリノウールのシャツ

山登りが苦手なのは、シャワーや風呂に何日も入れないからだ。江戸っ子ではないくせに、風呂が大好きで、汗をかく夏ならば一日に二度や三度も入りたい。朝晩のシャワーや風呂は何があろうと欠かしたことはなく、風邪をひいていてもシャワーを浴びて清々としている自分である。

アメリカのジョン・ミューア・トレイルという、東カリフォルニアを縦断する過酷な登山道を、夏の盛りに五日かけて歩いたとき、何が辛かったかと訊かれれば、汗をたくさんかいたのに風呂に入れなかったことだった、と答えたい。そんな山登りに持って行って一番嬉しかったというか、感動した道具は、スーパーファインメリノウールのシャツだ。選んだのはアイベックスというアメリカのブランドのものだが、汗をびっしょりかいても匂わず、着ていながらすぐに乾くという優れものであった。肌触りがつねにさらさら。そして夜テントの中で干しておけば、次の日にまた着ても、ひとつも匂わず、変わらずにさらさらで驚いた。コットンのTシャツだったら、汗で濡れた背中が、いつまでも乾かずべたべたして、おまけに汗臭くなって、もっと辛かっただろうと、考えただけで身震いする。

そんな味をしめているので、山でなくても、夏の暑い日は、スーパーファインメリノウールのシャツは欠かせないワードローブである。

057

箱根寄せ木細工の茶筒

箱根の強羅《ごうら》温泉になじみの宿があり、冬になるとよく訪れる。

そのときに立ち寄る京屋物産店という一軒がある。ご主人自らが手作りする「てりふり人形」が人気で、創業七十年の老舗の民芸品屋である。今ではご主人が高齢のため、手作りができず「てりふり人形」は置いていない。しかし、この店の妙は、寄せ木細工の品揃えである。店を引き継いだ娘さんが、つきあいの深い職人の工房を訪ねて、よく吟味したものを仕入れていると聞いて、納得ができた。置いてあるひとつひとつの出来がとても良い。所詮、温泉街の土産品屋であろう、どの店を覗いても一緒だ、と思ってはいけない。この店の品と、他の店の品を比べると、出来と値段に雲泥の差がある。娘さんは腕の良い職人が減ったと嘆くが、店をよく探せば、まだまだ良い品と出合うことができる。愛用している寄せ木細工の茶筒はそのひとつだ。そして、職人の遊びで作られたという、小さな寄せ木茶器。寄せ木の市松模様が細かく施され、これぞ職人の技と言えよう。

過ぎゆく時代とともに消えていく民芸品は多い。娘さんいわく、この小さな寄せ木茶器もそのひとつという。ロシアのマトリョーシカの原形になった、入れ子の七福神はすでに消えたとも。手仕事の冴《さ》える箱根の寄せ木細工が、いつまでも残りますようにと祈っている。

058

port2port pressのカード

ポートランドの活版印刷アーティスト、port2port pressから、定期的にカードセットが届くようになって三年が経つ。最初の出合いは友人からのギフトだった。

port2port pressにthe card societyというプロジェクトがある。そのプロジェクトは、定期購買の申し込みをすると、新作のレターカードが毎月送られてくる。はじめてカードが送られてきたとき、中にあったメッセージカードに、「このギフトは○○さんから、あなたへのギフトです」と手書きされていて、ふわっと心があたたまった。そして誰かに手紙が書きたくなった。レターカードを贈られて、そのレターカードを使って、僕は人に手紙を送る。そしてまた、届いた先の人はport2port pressのカードに出合い、the card societyというプロジェクトを知る。活版印刷の手仕事のあたたかさと、手紙を自筆するという愛らしい行為が、海を越えて循環していくこと。なんて素晴らしい、と声を上げずにいられなかった。

昨今、昔ながらの活版印刷が注目され、活版による様々なプロジェクトを目にする機会が多い。しかしそのほとんどは、プロダクトに終結していて、目新しさというファッションのひとつとしか思えない。そういった商売とport2port pressには雲泥の差がある。いくらそれが良くても模倣はいらない。僕は夢が欲しい。

059

いせ辰《たつ》のぽち袋

かばんの中にはいつもぽち袋がいくつも入っている。いつ、どんなときに使うのか、自分でもなかなか上手く説明できないが、いつも十以上は入っている。

たとえば、旅館に泊まりに行ったときに、思いがけずに嬉しいもてなしを受けたり、何かわがままを言って世話になったときや、食事をしに行って、必要以上に親切にしてもらったときに、気持ちをお返ししたくて心付けとしてお金を包む。勘定にサービス料が含まれていても、それはそれ、これはこれと思って渡している。

心付けと言えど、幾分、見栄を張ることでもあるから、渡し方や金額のあんばいは自分のセンスでしかない。毎日あることではなく、時たまのことだから、いつまでも慣れなくて格好がつかない。

外国ではチップの習慣があるから使いやすい。チップをぽち袋に包んであげると大層喜ばれる。ホテルでもレストランでも、ぽち袋を使うと、相手の喜ぶ顔が見られるからチップはとても楽しくてうきうきする。必ず顔を覚えられて、次から親しくなれるのも良い。

日本でもチップの習慣があれば良いといつも思っているのは、ぽち袋をもっと使いたいからである。

いせ辰《たつ》のぽち袋は、その伝統的な意匠が素晴らしいので、気に入ったものがあるとすぐに買ってしまう。

060

フランクの靴

サンフランシスコから車で二時間ほど北へ行ったグインダという小さな村に、フランクとお母さんのマリーさんは暮らしている。ふたりはMURRAY SPACE SHOEというオーダーメイド靴工房を営んでいる。自分の足にぴったりと合った、雲の上を歩いているような履き心地の靴を注文しに、世界中の人がここを訪れる。

フランクと友だちになって六年が経つ。彼には四足の靴を作ってもらった。その内の一足は、ジョン・ミューア・トレイルを歩くために特別に作ってもらったマウンテンブーツだ。フランクの手元には僕の足型はふたつあり、ひとつは足首から型を取ったそのブーツ用だ。

フランクの靴を僕は「歩き靴」と呼んでいる。立っていること、歩くことが、こんなに心地良いものかと、履くたびに驚かされている。四足の靴はお守りのように僕の暮らしを支えている。「靴を渡してから僕とその人の長いつきあいがはじまるんだ」と、当たり前のようにフランクは言う。靴を作っているときは、その人のことしか考えないとも言う。彼ほどやさしい人を僕は知らない。

「そういえば君は冬用の靴を持っていないだろう」ある日、こんな言葉と一緒に一足の靴が届いた。庭で収穫したクルミの実と手紙が箱の隙間に入っていた。靴の革は厚く、足を入れるとあたたかかった。

061

膝を抱えた妖精

クリスマスが近づくと、サンタクロースに手紙を書いて、自分の欲しいものや願い事を叶《かな》えてもらおうと祈った。

アメリカには面白い習慣がある。それは欲しい物や願い事を手紙に書くのではなく、膝を抱えた小さな妖精の人形に耳打ちして、サンタクロースに伝えてもらうという方法である。

バークリーに暮らす知人の家を訪れた際、居間の隅っこに、赤い帽子に赤い服を着た、小さなかわいらしい人形がちょこんと膝を抱えて座っていた。そのときに、はじめて僕はこの人形の意味を知ったのだが、その意味よりも、部屋の中に妖精がいることが、とてもすてきに思えた。人形は目に見えるものだが、本当は目に見えない本物の妖精が部屋のあちこちにいるんじゃないかと想像した。

実は、庭のあちこちや、家のあらゆるところに、妖精はちょこんと座っていて、僕らの暮らしを観察し、神様にそのあれこれを報告しているのではないか。誰にも見られていないことなんて実はひとつもなく、僕らの行動や言葉は、すべて妖精に見聞きされているのでないか。

世界中のあちこちに膝を抱えた妖精の人形が置かれれば、人の暮らしは平和になるのかもしれない。

今日も妖精は部屋の隅っこにちょこんと座って僕をじっと見ている。

062

R.E.LOADのバッグ

メッセンジャーサービスという職業を知ったとき、ロスアンゼルスではじめて地元のスケーターを見たときと同じくらいに衝撃を受けた。

　マンハッタンのひどい道路渋滞の中、車の隙間を疾走する彼らはとびきりかっこ良かった。太いチェーンのカギをたすきにかけて、大きなメッセンジャーバッグのストラップを締めて、信号に近づくと、首から下げたホイッスルをかん高く鳴らして、競技用自転車を走らせて行く。彼らの自由で個性的なファッションにも目を奪われた。僕の目にメッセンジャー達はスターに映った。

　メッセンジャーバッグは、もともとペーパーボーイズバッグという、新聞配達の少年が新聞を持ち歩くためのコットン製のバッグが原型になっている。広いまちがあり、重たい新聞の束をたすきがけにするために、ストラップは幅広になっていて、歴史は三〇年代から続く。今でもアメリカの田舎に行くと、このバッグを使って、自転車で新聞配達をしている少年を見かける。
　R.E.LOADは、アメリカのフィラデルフィアに工房を構える、フルオーダーメイドのメッセンジャーバッグブランドだ。丈夫で機能的、自転車乗りでない者にとっても、旅先での荷物の持ち歩きに非常に便利だ。僕は色のオーダーだけでなく、ポケットと、手さげ用にハンドルを付けてもらった。一週間くらいの旅に大活躍している。

063

べんとう箱

いろいろある箱の中で、べんとう箱が一番好きだ。

べんとう箱がなぜ好きか、どうしてもうまく説明できない。本当に好きなものほど、その理由をうまく説明することができないというが、それは本当だと思う。

べんとう箱をふたつ持っている。

ひとつは秋田杉の曲げわっぱである。曲げわっぱはご飯用として使っている。曲げわっぱの利点はご飯が冷めても美味しいということだ。わっぱ自体がご飯の水分を取ってくれるので入れたご飯がべたべたしない。炊き立てよりも、入れて少し経ってからのほうが美味しいくらいだ。ご飯にふりかけをかけて、梅干しでもひとつあればそれで充分。

もうひとつは、ヒノキの漆塗りのべんとう箱。村地忠太郎《むらちちゅうたろう》という職人の作ったもので、木曽《きそ》の曲げ物として名高い逸品である。汁が洩《も》れないからおかず用として使っている。深さがあるので使い勝手がとても良い。

ときどき家でべんとう箱をお皿代わりにして、ご飯やおかずを入れて食べることがある。これがまた美味しいものがもっと美味しく食べられて、何より楽しくて仕方がない。どんなに美味しい料理でも食事は、楽しくなければ意味はない。美味しい料理をもっと美味しく食べるために、べんとう箱は役立っている。

064

『魯山人《ろさんじん》の料理王国』

何があろうと本にえんぴつで線を引くのは好きではない。

カウブックスで扱う古書も、その本がどれだけ希少であっても、線引きがされているものは仕入れをしない。自分がお客の立場になった場合、線引きされている本は決して買わないからだ。うっかり見落として、仕入れをしてしまったり、選んで買ってしまったことも正直あるが、そのときは後悔して泣きたくなる。

そこまで言う自分が、何本もの線を引かずにいられなかった本がある。『魯山人《ろさんじん》の料理王国』だ。誰にでも人に知られたくない隠し事があるだろう。僕にとってそれは、『料理王国』に線引きしている自分のことだと、ここで告白する。

なんというか、魯山人の言葉というのは、言葉にしたいけれど、うまく言葉にできないもどかしいもやもやを、ずばっと一言でいい得てくれて、爽快きわまりない。そしてまた、魯山人のような、正常と異常が同居しているような人間が僕は大好きだ。きれいに言うとユニークな人。悪く言えば変な人。そして、そういう人ほど、最も人間らしくあたたかくて愛《いと》しくなる。相当まじめだけど相当なワルな人。僕にとって魯山人とはそういう存在だ。

「山鳥のように素直でありたい」

それでいて、こんなこと口にするなんてずるい。

139 『魯山人の料理王国』／北大路魯山人／文化出版局／1980年

065

June Taylor

料理研究家の福田里香《ふくだりか》さんがバークリーのお土産に、June Taylorのトマトケチャップをくれた。

まわりにバークリー好きがたくさんいて、それぞれが訪れるたびに新しい発見をしているので、その都度、話を聞くと知らないことだらけで驚く。バークリー研究会のようで面白い。

イギリス人のJune Taylorが、旅の途中に寄ったバークリーがいたく気に入って住み着いたことは、福田さんから教えてもらった。June Taylorは、イギリス式のマーマレード作りで身を立てた。しかも、地元で採れるメイヤーレモンだけを材料にし、今まで誰も食べたことのないマーマレードの美味しさを広めた。

誰も見向きもしなかったメイヤーレモンを使ったというのが、彼女のすごいところ、と福田さんは言った。メイヤーレモンはオレンジとの自然交配でできたレモンで、熟すと皮が美しいオレンジ色になる。

そんなJune Taylorが作るトマトケチャップは、甘い味わいが深く、ケチャップというよりもトマトそのものに近く、実にうまい。美しい活版ラベルの凝りようも素晴らしく、イギリスのアーツアンドクラフトの美学が活きている。

これからJuneのワークショップに参加してくる、と言って、旅立った福田さんの土産話を今か今かと待っている。

066

ポール・ハーデンのシャツ

バンクーバーのダウンタウンからメインストリートを歩くと、右側に真四角の積み木をぽんと置いたような白い建物があった。Foundation というカフェだ。旅のはじめに居心地の良いカフェが一軒でも見つかると心から安心ができる。居場所ができるからだ。Foundation はバンクーバーの若いクリエイターが集う店。メニューはオーガニックやベジタリアン向けが揃っていた。滞在中、毎朝のようにこの店に通った。

Foundation で、カナダ人のポール・ハーデンと出会った。テーブルに置いた僕のカメラに関心を持ち、ちょっと見せてと言われたのがきっかけだった。彼はロンドンのブライトンで靴屋をやっていて、洋服も作っていると言った。僕が中目黒で本屋をやっていると言うと、雑誌で僕のカウブックスを見たことがあると言い、自分もいつか本屋をやりたいと話が盛り上がった。

カフェで三度目に会ったとき、一緒に WRECK BEACH に行こうと誘われた。バンクーバーで知る人ぞ知る美しいビーチへと遊びに行った。その帰り道、出会った記念に何か交換し合おうと持ちかけられた。喜んでカウブックスのロゴの入ったトートバッグを手渡した。彼は着ていた白いシャツを脱いで僕にくれた。少し大きめだったが、僕はその旅中ずっと彼のシャツを着て過ごした。旅で友だちができるくらい嬉しいことはない。

067

KoALOHA社のウクレレ

お酒を飲まないので、どこへ旅しても、夜はたっぷりと時間がある。旅先の夜の過ごし方は、読書をしているか、手紙を書いているかのどちらかだ。だから、旅にギターを持って行くと、夜の時間にたっぷりと弾くことができる。旅から戻る頃には、新しい曲をひとつマスターできた。

飛行機の客室に、ギターを持ち込めなくなったのはいつ頃だろうか？　とてもデリケートな楽器であるギターを、トランクと一緒に預けるわけにはいかず、つねに肌身離さず持っていたが、いつしかそうもいかなくなった。

ギターに代わったのがウクレレだった。ウクレレは誰に気兼ねなくどこにでも持って行けた。ハワイを旅していたときは、ウクレレを見るたび多くの人が笑顔で話しかけてくれた。ウクレレを持っていると旅はやさしく和やかになる。

「ギターに比べて、ウクレレは簡単でしょう」とよく言われる。確かに簡単かもしれないが、奥深さはまったく別物で、ウクレレにはウクレレの道がある。曲を知らなくても、ポロンと音を出すだけで心が緩むのがウクレレの良さだ。

KoALOHA社のウクレレはハワイ島のヒロで買った。調整や修理を重ねて、今では自分のからだの一部になっている。楽器があれば、旅に音楽プレイヤーは持って行かない。自分で音楽が鳴らせるからだ。

068

ミッションの
レインボウ・グロサリー

好きなスーパーマーケットをひとつ選びなさい、と言われたらとてもむつかしい。パリ、ロンドン、ニューヨーク、L.A.、サンフランシスコなど、旅先で出合った一軒一軒が次々と頭に浮かんでくる。

出合って衝撃を受けたのは、サンフランシスコのミッションにあるレインボウ・グロサリーだ。この店はベイエリア特有の協同組合という構造で成り立っている。いわゆる経営者なるオーナーが居ず、組合員ひとり一人がこの店のオーナー。出資金があり、給料は均等。理事会や部門ごとのミーティングは頻繁に行われ、経営に関するコミュニケーションが密に行われる。物事はすべて民主的に全員で決められるという。なにより素晴らしいのは、彼ら彼女らの働き方であり、開放的で自由な雰囲気だ。誰もが自分の店と考えて仕事をしているから、生き生きとなるのは当然だ。

扱う商品は、基本的にオーガニックであり、身体に安全な健康食品や、とびきり新鮮な食材だ。「ナチュラルでヘルシー」が合言葉である。

他人に管理され、命令によって働かされているのと、自分で管理し、自分の意志で働いているのでは、あらゆる部分で大きく異なる。小規模であることに制限されるが、日本でもワーカーズコープ(労働者協同組合)というレインボウ・グロサリーのような職場が実現することを願っている。

069

中目黒のソファ

サンフランシスコのソファは、ダウンタウンのテンダーロインにあるVERONA HOTELのロビーに置かれている。十代後半にサンフランシスコに行き着いた僕が最初に泊まったホテルだ。シャワー無しで一泊二十ドルだった。当時の僕はこのホテルを自分の家のようにして暮らしていた。毎朝、朝食として配られるドーナツとコーヒーを手にし、ソファにからだを沈めて、寝ぼけまなこで集まった宿泊客とおしゃべりするのが楽しくて仕方がなかった。記憶をたどると、このソファのおかげで友だちができ、英語も覚えられた。

ニューヨークのソファは、ヘルズキッチンにあるWASHINGTON JEFFERSON HOTELのロビーに置かれている。ニューヨークで出会った恋人と数ヶ月暮らしたホテルだ。ロビーに置かれたソファは、時間をもてあました宿泊客と、無職の住人が、煙草《タバコ》をくゆらせながら、一日中いす取りゲームをする憩いの場所だった。ここに座っていれば飽きることなく、奇《く》しく悲しいニューヨークの井戸端会議が楽しめた。

中目黒のソファは、デンマークの家具デザイナー、ハンス・J・ウェグナーの「GE290」だ。祖父の形見のひとつである。僕は、このソファでひとりになる時間をたっぷりと過ごしている。今ではこのソファで、物思いに耽《ふけ》ったり、読書したりという小さなひとり旅をすることが多い。

070

ブルックス ブラザーズの
ボタンダウン

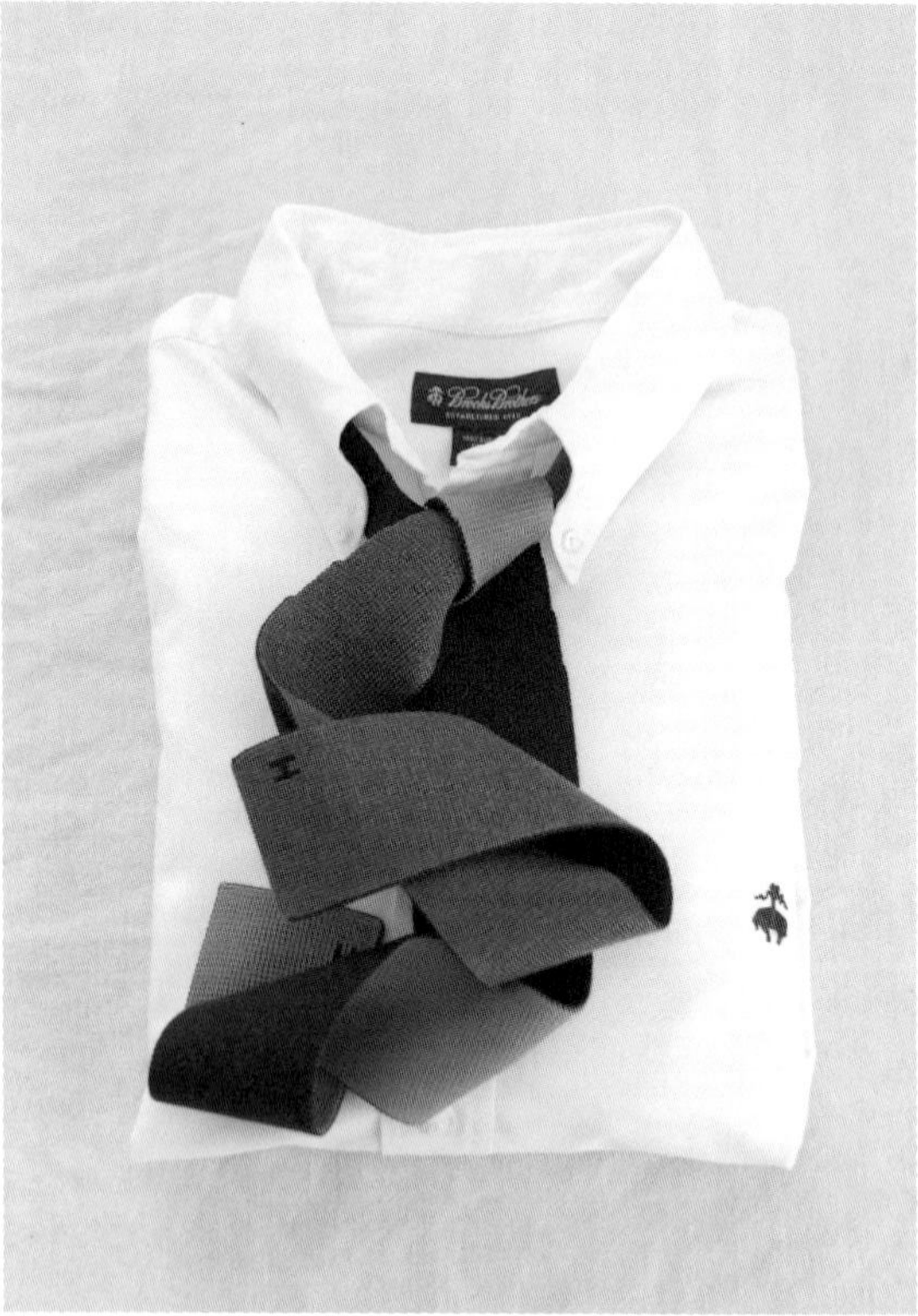

ボビーの名で親しまれた、ロバート・F・ケネディの大統領選挙キャンペーンを密着取材した写真集『A TIME IT WAS』(二〇〇八年)は、僕にとってのヒーロー、ロバート・F・ケネディの仕事や暮らし、その人柄までが伝わってくる一冊である。

コピーして部屋に飾ってある大好きな一枚の写真がある。着古したコットンニットの袖をまくり、まだ四歳の息子を助手席に乗せて運転する、ロバート・F・ケネディを横から撮った写真だ。膝の上に愛犬マックスを乗せて、窓を全開にして車を走らせているのが、惚れ惚れするほどかっこいい。もう一枚、それはこの写真集には載っていないが、スーツにネクタイの議員仲間と会議をしている光景だが、白いボタンダウンのシャツの袖をまくり、レジメンタルのネクタイをゆるく締めて談笑している彼の姿がある。それもまた、ため息が出るほどかっこいい。

ロバート・F・ケネディがどれほど国民に愛され必要とされ、彼の政治理念が支持されたかは述べるまでもないが、僕にとってのファッションリーダーをひとり選ぶとなると迷うことなくロバート・F・ケネディである。彼のように白いシャツの似合う男になりたいといつも思っている。

ボタンダウンのシャツは僕にとって一生着続けるであろう一着である。いつかボビーのように着こなせる男になりたい。

071

ガラスの花瓶

家訓と言えるかどうかわからないが、部屋に植物を飾ることは幼い頃からの習慣になっている。日々の暮らしの中で、花屋に行くことは特別なことではなく、週末の夕方、買い物のあとには必ず花屋に寄って、小さな花を一輪買って帰った。母いわく、週末に飾った花は、月曜日にきれいに花が咲く。週のはじめをきれいに咲いた花で祝うのが嬉しいのだと。母はなぜか白い花しか買わなかった。

ひとり暮らしをはじめたときに、母が引越し祝いに買ってくれたガラスの花瓶があった。透明で美しい小ぶりの花瓶だった。僕は毎週末、花屋で花を一輪買って花瓶に飾った。選ぶのが面倒くさいのもあり、花はいつも白を選んだ。

幾度の引越しをするうちに母からもらった花瓶を無くしてしまった。当時つきあっていた恋人にあげてしまったのかもしれない。しかし、花瓶が無くても、コップを使ったりと、花を飾ることは止めなかった。花が無いときは草や枝を花瓶に差した。これも母から習ったことだ。白い花でなければ、緑を飾ればいいと言われた。

六年前、ブリュッセルの朝市で、母からもらった花瓶にそっくりのものを見つけて買った。ずっしりと重いガラスの花瓶を着替えにくるんで持ち帰った。いつか母が僕の部屋を訪れたとき、とてもいい花瓶だとほめて帰った。

072

オリジナルプリント

もう何年も前のことだが、手持ちがあったので、写真家アンリ・カルティエ・ブレッソンのオリジナルプリントを二枚買った。画家マティスのポートレイトと、マドリッドの風景を撮った有名な写真だ。マドリッドの写真は、カウブックスをはじめるときに、ニューヨークのスカイライン書店の主人に売却し、本の仕入れに役立てた。

マティスのポートレイト（左）は、部屋のどこからでも見える場所に飾っている。十五年近く、原稿を書く手を休めてはじっと眺めている。いくら眺めていてもまったく飽きない。それがなぜだろうかと思いながらまた眺めている。時には鳩を持つ手を見つめ、時にはペンを持つ手を見つめ、マティスの眼差《まなざ》しを見つめたりして、いろいろなことを想像している。まったくトリミングされていない、35ミリフィルムの横長のフォーマットも独特で好きだ。モノクロの美しいグレイトーンが絶妙なやさしさとリアリティを生んでいる。この写真のピントが、マティスの手の中の白い鳩の小さな瞳に合っているということは写真集ではわからない。モノを摑み、モノを見て、それを描くマティスの姿が、今こうしてひとりで仕事をする自分を励ましている。

六〇年代のキャンプ4[*1]を撮った写真（右）は、写真家グレン・デニー本人から買った。物思いに耽るデイブ・セイドマン[*2]に自分を重ねている。

＊1　フリークライマーが待機する有名なキャンプサイト
＊2　六〇年代に活躍したフリークライマー

073

南部鉄器のやかん

冬のはじめ、目黒銀座商店街の道具金物まるやという店で、南部鉄器のやかんを買った。南部鉄器を買うなら本場の岩手で買いたいものだが、買い物途中にふらりとまるやを覗いてみたら、胴に彫られた小さなカニが、思いの外かわいくて、どうしても欲しくなった。確か一万五、六千円だったと思うがよく覚えていない。銘を見ると、「南部齋峰」と書いてあるが何かはわからない。とにかく、胴にちょろちょろといる四匹のカニがかわいいのだ。

　アラジンストーブの上に載せるには丁度よい大きさだから、秋から冬を通してストーブを使う時期、一日中アラジンの頭に載せて、クックッとお湯を沸かし、のどが渇けば、このお湯でお茶を淹《い》れて飲んでいる。鉄分を含んだお湯で淹れるお茶はまろやかでうまい。

　南部鉄器で思い出すのはロンドンで泊まった小さな宿のことだ。その宿では、ティーポット代わりに、南部鉄器の大きなやかんを使っていた。これで淹れるとお茶も美味しいし、冷めなくていい、と女主人は自慢した。どうやって手に入れたのかと訊くと、日本で買ったと言った。さすがお茶の国である。こんな重い物をよく持って帰ったものだと感心した。ストーブの上に載ったやかんから白い湯気が立つ景色は平和で良いものだ。湯気で潤う部屋にいると眠くなる。

074

地図帖となるポケットノート

旅にはポケットノートを持って行く。

旅先において、地図というものは、買うものではなく、自分で歩きまわって、自分の好きなように書いて作るものだと思っている。植草甚一《うえくさじんいち》さんや小林泰彦《こばやしやすひこ》さんの旅の本に夢中になっていた、まだ旅に出ていない若い頃、彼らのように僕も旅先で自分の地図を作るんだ、と夢を見ていた。人の作った地図なんて役に立たないし、全然面白くないと思い込んでいた。今でもそう思っている。

僕の手元には、旅した町の分だけポケットノートがあり、その中身はすべて手書きの地図である。ガイドブックに載っていない本屋や美味しい食堂、アンティーク屋や雑貨屋など、不思議な横丁やとびきりの散歩道があれこれと詳しく絵になって残っている。それは僕にしか判らない地図かもしれないが、旅から帰ると大切な宝物になる。

手書きの地図くらい面白いものはない。人それぞれ目印にする建物や方向感覚、距離感が違うから個性が表れる。外国の知らない町で出会った人に、知りたい目的地までの地図を書いてもらうことは、僕にとって至福の楽しみだ。記念のサインもしてもらう。相手は笑うけれど、その地図の愛らしいことといったらない。それこそ宝物だ。

何十冊にも地図帖が増えたら、一冊の本にしたいと思っている。観光には役立たないが、旅の仕方のヒントにはなると思う。

075

岩本《いわもと》素《そ》白《はく》の随筆

「エッセイ」と「随筆」の違いは何かと考えた時期があった。本屋に並んだ、エッセイと名の付く本と、随筆と名の付く本を読み比べてみたが、その分別の決まりはひとつもわからなかった。

エッセイとは、モンテーニュの『エセー』(一五八〇年)から生まれた言葉であるが、それを日本語にしたのが随筆というのは、あまりにも乱暴な解釈だ。わからないことは人に訊くのが一番と思い、恥を忍んで聞いてはみたが、誰ひとりわかる答えをくれた人はいなかった。

それから少し経って、岩本素白の文章を読んでいたら、暗雲立ちこめる空が一気に晴れ渡るような爽快気分を得ることができた。エッセイと随筆の違いを明確に示した文章があったからだ。岩本素白は、日本ではじめて随筆講座を開いた国文学者だ。文学の玄人《くろうと》は、岩本素白を明治以降の最高の古典的随筆家と口を揃える。読んでわかったことは、随筆とは、本当にあった出来事の見聞や感想を自由に描いたもの。エッセイとは、出来事の描写ではなく、書き手のパーソナルな心の様子を描いたもの、告白的なものであるということだ。随筆とエッセイは同じものではなく、まったく別の文学だということ、そして随筆の真髄が何かを、岩本素白から僕は学んだ。

物書き職として道に迷ったとき、僕は今でも岩本素白の文章に立ち返る。

『素白随筆』/岩本堅一/春秋社/1963年
 『岩本素白全集』/岩本素白/春秋社/1974年 *岩本堅一は岩本素白の本名

076

オールド・タウンの
コットンジャケット

「ネクタイは忘れても、ジャケットだけは、忘れずにいつも持っていろ」と、白洲次郎《しらすじろう》は言った。

日々の仕事と暮らしにおいて、ジャケットを必要とする機会は多くない。今の仕事場でスーツ着用の義務はなく、着るときといえば、セレモニーかパーティ、もしくは目上の人との面会に際してのこと。三十代まではこれで良かった。

四十代になってからは違った。スーツは特別としても、ジャケットは一年中必要になった。それまではカジュアル一辺倒だったが、あるとき、鏡を見て、大人が子ども服を着ているような自分の姿が嫌になった。子ども服との決別こそが、ジャケットとの出合いになった。

普段きちんとスーツを着こなしている大人が、休日になるとシャツの裾を出したままでキャップを被っているのを見ると、大きな身体の子どもに見えて滑稽だ。実は結構多いだろう。大人になると賢くなる。賢くなると恥を知る。ファッションもしかり。

イギリスのノーフォークで、トラディショナルウエアを作るオールド・タウンのジャケットは、子ども服はもう着たくない、しかしまったくの大人服にはまだ反骨があるというヘソ曲がりには最適な服だ。質実剛健。流行に左右されない。丈夫で手入れが簡単。正統で上質、という条件をすべてクリアしている。

077

ヒルサイドパントリー代官山の
ツナサンド

ベジタリアンではないが、肉や油ものはほとんど食べない。日本にいるときに困ることはないが、海外では困ることが多い。都会ではベジタリアンメニューを用意した店が増えてはいるが、アメリカの田舎など行くと、店は肉料理ばかりで、仕方なく毎日シーザーサラダばかり食べるはめになる。しかしそんな肉料理ばかりの店でも三軒に一軒くらい大好物のツナサンドがある。

ボストン空港から車を五時間くらい走らせ、フリーマーケットで有名なブリムフィールドという小さな村を訪れたとき、一軒のレストランで食べたツナサンドの美味しさが今でも忘れられない。ツナサンドのペーストは、ツナとマヨネーズが基本で、それにスライスオニオンやスパイスなどを入れる簡単な料理だが、その店のツナペーストはなんと甘いのだ。思わず、ウマイ！と叫び、「どうしてこのツナは甘いの？」と店主の婦人に訊くと、自家製マヨネーズに、はちみつが入ってるからだろう、という。知っておきたいのは、ツナサンドのポイントはマヨネーズであるということだ。

東京で一番美味しいツナサンドは、ヒルサイドパントリー代官山のツナサンドと信じている。カンパーニュのパンの美味しさもあるが、やはりツナペーストに秘密がありそうだ。なめらかで味に深みがある。いつかとは思っているが、美味しさの秘密はまだ訊けていない。

078

WESTINのピロー

暮らしのなかで最も大切に考えているのは睡眠である。

睡眠不足はすべてに影響してしまうので、どんな状況でも最低七時間の睡眠時間をこしらえている。仕事を終えてからの個人の時間をどのように過ごすかで、人の人生は良くもなるし悪くもなるから気をつけなさい、と恩人に教えてもらった。

健康管理は仕事の基本であり、最優先するべき業務のひとつであると僕は思っている。元気でなければ何もできないし、健康を損ねてまで行う仕事など、他人をしあわせにできるはずがないと思うからだ。健康管理のために睡眠をしっかりとる。睡眠で心と身体を休めるための工夫をしたい。

だからこそベッドやシーツや枕には、とても神経を使っている。とくに枕は身体に合わないと、眠りが浅くなるし、首や肩が凝ってしまう。心地良さと快適さ、自分の身体に合った枕を探しまわった。低反発枕や、そばがら枕や、新素材の枕など評判のものがあれば、どれも試してみたが、なかなか自分に合うものは見つからなかった。

ある日、旅先のホテルで驚くほど自分のあらゆる条件に合った枕と出合った。これだと喜び勇んで、問い合わせると販売もしているとわかった。薄い羽毛枕ふたつで高さを調整するので、高さだけでなく、頭や首、肩までも無理なくフィットする。どこにいても恋しく思うWESTINの枕である。

079

チャールズ＆レイ・イームズの
スツール

二〇〇二年にカウブックスをはじめるとき、共同経営者の小林節正《こばやしせつまさ》氏と、ひとつも違わなかったこだわりがあった。それは本の品揃えよりも、店の内の居心地だった。自然光が眩《まぶ》しいくらい入る入り口、店の空間のほとんどを占める照明付きの一枚板の大テーブル、そしてやはり無垢のウォールナットをはめこんで作ったイームズ夫妻デザインのスツールを揃えることだ。

「三十年くらい経っても、ひとつも古びることのない、いいものを今の内に買っておこう。商売はきっと大変だろうから、後になって買いたくても買えないからね」僕と小林氏は、目の玉が飛び出るような資金をそれらに注ぎ込んだ。

七年経った今、それはひとつも間違いでなかったことをお互いに確信している。カウブックスの自慢は、本の品揃えうんぬんではなく、店が続く限り、変わることのないこのテーブルとスツールだ。だから、毎朝、濡れタオルでごしごしと僕らは磨いている。いつもありがとう、これは自分たちの宝物、と思いを込めながら。

チェスの駒を彷彿《ほうふつ》させるユニークなデザインが気に入っている。座り心地の良さは言うまでもない。上下の向きをどちらにしても使えるのも良い。無垢の家具の良いところは、使えば傷がつくし、汚れやシミもつくが、それが美しさになる。まるで人間と一緒だ。

080

エルメスのロールノート

旅に忘れずに持って行くのがエルメスのロールノートだ。

旅先の静かな夜、今日あった出来事や思いを日記のように書き綴るのは、旅ならではの愉《たの》しみである。そしてまた、朝食のひとときや、出かけた先でのひと休みや、移動中の電車やバスの中で、書き留めておきたい文章が浮かんだときに、つらつらと気ままに書くのも良い。

エルメスのロールノートは、その名の通り、横長で幅の広いノートを、くるりと丸めた状態で持ち歩けるのが便利である。持ち歩き用のノートは当然幅の狭いものが多い。そうでないとかさばるからだ。しかし、ちょっとしたメモならいいが、文章を書くとなると幅が狭いと改行が多くなり、まして絵を描いたりすると、ページを取られて仕方がない。

ロールノートは、ページ一枚が大きく使える。丸めた状態でパンツの後ろポケットに入れておけ、丸まっているから手にしっくりくる。さらに良いのは紙が薄いことだ。薄いうえに上質であるから、水彩画を描いても絵具の落ち着きがいい。ノートの取り換えもできる。いかにも文房具的なノートも嫌いではないが、旅先においては、持っていることや、使うことに嬉しさが湧くものを選びたい。

ロールノートひとつ持って、今日もまたどこかに出かけたい。

081

リチャード・ブローティガンの詩集

長年仕事を続けていると、名前以外の肩書きというものが、いつの間にやら飾りのように付いてくるが、僕のようにもともとひとりで仕事をしている人間にとって、この肩書きというのは、とても違和感のあるもので、時たま邪魔で仕方がない。

肩書きというものは、すなわち責任でもあり、地位であり役割であることは重々承知である。それを放棄するつもりはないが、僕の仕事の姿勢において、肩書きというものは、なんら一利もない。なにを格好つけて言っているんだ、とか、なんて贅沢《ぜいたく》な、と訝《いぶか》しがられると思うが、本当だから仕方がない。

名前でなく、肩書きで呼ばれたときは、どうしても反抗したくなる。肩書きで呼ばれると、自分が機械の部品になったようで嫌なのだ。僕には僕の名前がある。呼ぶなら名前で呼んでほしい。肩書きは、組織の中での単なる部品の名であって人の呼び名ではないだろう。

「でも、肩書きで得することがあるでしょう？」と人に言われたが、「そういう仕事の仕方をしていないんです」と僕は答えた。たとえば「社長」と呼ばれることで、喜びを得る道もあると思うが、少なくとも僕は違う道を歩んでいる。

ブローティガンの詩を読む。それは自分が何者にもなろうとせず、独りであることを求める宣言でもある。

『The Pill Versus the Springhill Mine Disaster』／Richard Brautigan／Dell Publilishing／1968年

082

デスクブラシ

今時えんぴつで仕事をしていると言うときっと笑われるだろう。好きだから仕方がない。えんぴつでも嫌いなものはある。えんぴつ削り機だ。あの削る音がたまらなく嫌だ。あのごりごりと無理やり削る音には身の毛が立ってくる。

えんぴつはナイフで削ると決めている。短くなった芯を削って伸ばすことは仕事のひと休みになって良い。一本の鉛筆を削るのは一分もかからない。机の上で削るから、削りかすが机に落ちる。散らばらないように上手く削るけれども落ちることは落ちる。鉛筆削り機を考案した人は、きっとこの削りかすを片付けるのが嫌だったのだろう。手を使うことと、さほど変わらないからだ。

削ったかすはデスクブラシで、ささっとまとめて、紙に丸めて、ゴミ箱に捨てる。このときに細かいかすがきれいにまとめられるととても気持ちが良い。机の脇にデスクブラシを置いてあるのは鉛筆削りのかすを片付けるためだ。

アメリカの文具屋で買ったデスクブラシを十年以上使っている。毛は白いから豚毛だろう。持ち手が木でできた結構大きなものであるが、これが机の脇にあるといろいろと安心する。消しゴムのかすもこれで片付ける。ちょっとしたほこりもこれで掃くときれいになる。

高価なものではないが、道具として優れているものには愛着が湧く。

083

ローズカフェのグラノーラ

ロスアンゼルスを訪れると、必ず朝食を食べに行くカフェがある。ベニス近くにあるローズカフェだ。ここはロスアンゼルスで暮らす友人がきっと好きだろうと教えてくれた店だ。

　僕はいつもここで自家製グラノーラを食べる。大のグラノーラ好きの僕は、旅先でグラノーラの文字を見つけると食べないわけにはいかず、どこでも必ず試している。グラノーラにも国柄があるけれども、アメリカのそれも西海岸のものが一番美味しく、しかもその中でもローズカフェのグラノーラが一番美味しいと僕は思う。

　ローズカフェのグラノーラは色が濃い。カルダモン、シナモン、クローブ、ジンジャーといったスパイスのせいだ。トッピングには、アーモンド、ゴマ、レーズン、クランベリー、ひまわりの種などが使われ、甘さははちみつのみ。ミルクを注ぐと、グラノーラのスパイスがじわっと溶けて、ミルクはとびきりのチャイになる。

　はじめて食べたときは、その美味しさから、自分の知っているグラノーラの概念を大きくひっくり返されてしまった。しかも、グラノーラだけでなく、そのあとに残ったチャイになったミルクがまた美味しいという二度の美味しさに心底参ってしまった。

　僕はローズカフェのグラノーラをお手本にして、グラノーラ専門の朝食屋を開こうと思っている。

084

前《まえ》田《だ》夕《ゆう》暮《ぐれ》の『朝、青く描く』

本との出合い方はいろいろだ。

本屋の棚を眺めていて、あ、と思って手を伸ばす。

見たこともなく、知らない作家の本であっても、あ、と思う何かを感じるときがあり、きっとそれは何か自分の触覚に触れるもの、たとえば、装幀のデザインや、文字の書体や、ちょっとした余白や、本の大きさやかたちなどだろう。

思い返してみると、その瞬間を言葉で表すと、奇跡としか言いようがない。

町を歩いていて、すれ違い様に、他人に対して、あ、と思い、いつまでもその人のことが気になってしまうこともある。本との出合いと人との出会いは何ら変わらないのでなかろうか。

前田夕暮、そして『朝、青く描く』という散文集との出合いは、まさにそうだ。

手に入れて読んでみたら、そこにある文字、言葉、余白、内容ともに自分の求めるものばかりで喜んだ。すてきな人と出会えたしあわせな気持ちがやんわりと湧いて出た。

前田夕暮は、明治から昭和にかけて活躍した歌人だ。音数にとらわれず、口語体で書かれる自由律短歌を提唱し、自然主義の作家として多くの随筆も残している。

自然の中に自分を置くことについて、前田夕暮という存在は、僕にとって素晴らしい教師となっている。


 『朝、青く描く』／前田夕暮／白帝書房／ 1931 年

085

dosaのカーディガン

十五年くらい前のクリスマスに、代官山のG.O.D.で、手編みのカーディガンを買った。オーナーの高須《たかす》さんとは、僕がアメリカから帰ってきてすぐに出会った。赤坂のハックルベリーという洋書屋を間借りして小さな本屋をはじめた頃、秋の冷たい風が吹く夜に、高須さんはあったかそうなニットにショートパンツにスニーカーで現れた。真っ黒に陽に焼けていて、髪を短く刈った坊主頭で笑顔がすてきな人だった。西海岸やハワイを仕事でよく訪れているという話を聞かせてもらって、ちょっとしたセンスや価値観に共感できて話が弾んだ。しっかりと仕事やビジネスをしていながら、お金の匂いをひとつもさせない僕の好きなタイプの人だった。

「きっとこれ似合うよ」カーディガンを手にした高須さんに言われて、嬉しくなってコロッと落ちた。調子に乗って同じブランドのフリースのマフラーも買った。

高須さんに選んでもらったカーディガンとマフラーは、それから今に至るまで冬の定番になった。外国でも日本でも着ていると、みんなから「それどこの？」と訊かれ、自分がおしゃれになった気がして酔っている。

ある日、ハワイのヒロを散歩していたら高須さんと道端で会ったことがある。高須さんは手ぶらで歩いていた。笑顔がすてきだった。

086

釜《かま》屋《や》もぐさ本舗《ほんぽ》の切艾《きりもぐさ》

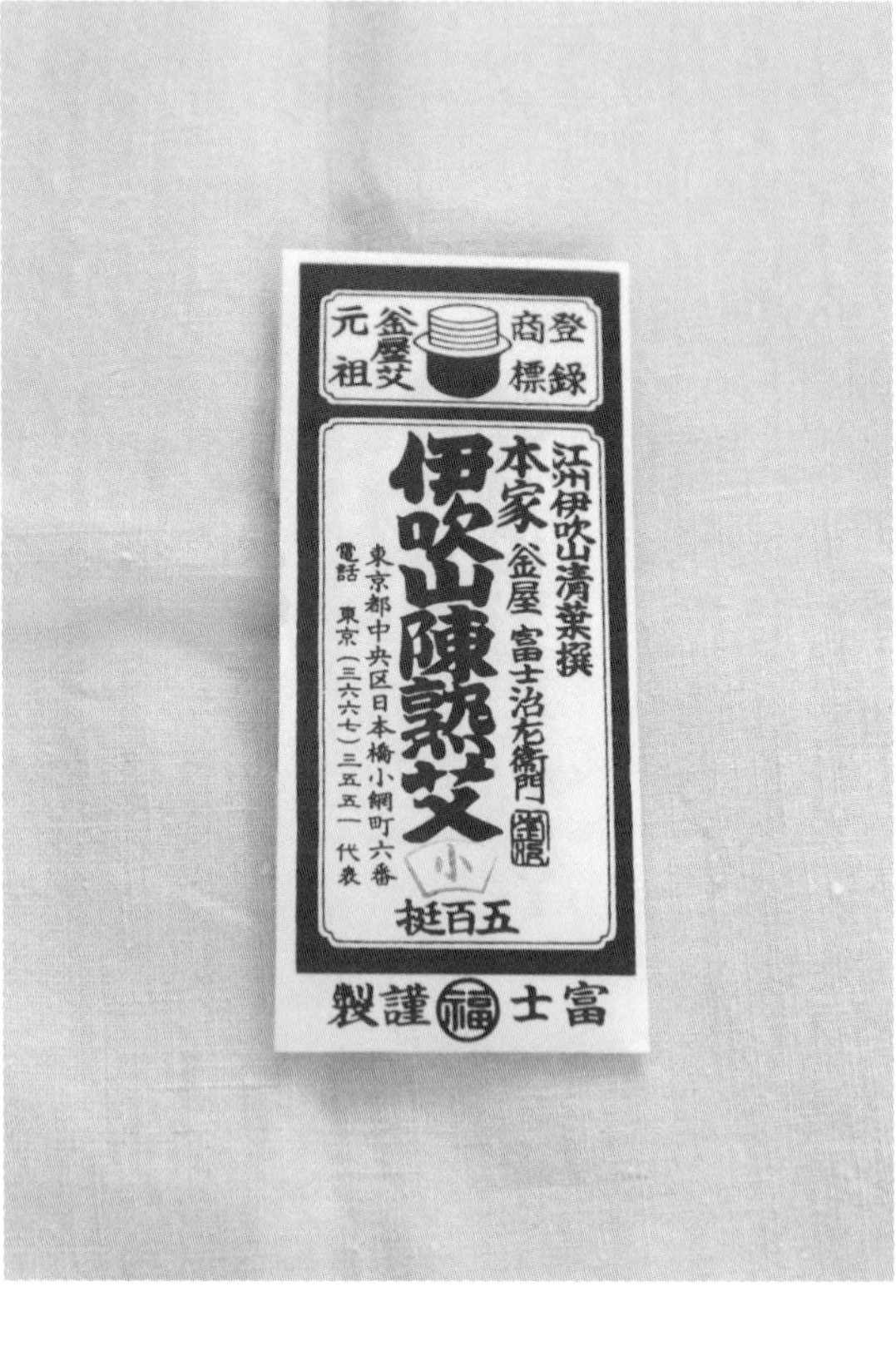

慢性の肩凝りなので週に一、二度マッサージや指圧に通っている。

ここが上手いと人から聞けば、すぐにでも試したくなる。今となれば肩凝りならこの店、腰ならこの店、足裏ならこの店で、というように、いっぱしの通を気取って少々うるさい。

海外に旅したとき、まずは居心地の良さそうなカフェと、品揃えのよい本屋を探すのだけれど、そのあとにマッサージ屋を探すのも忘れない。海外の知らない場所でマッサージを受けるのは、怪しさがあってどきどきして楽しい。日本でも海外でも、怪しそうな店の扉をノックするのは若い頃から大好きだ。秘密めいたところにこそ、何か宝物があるように思えるからだ。魅力的な古本屋もそうやって出合えたことが多い。

旅先でマッサージを受けながら、その土地のあれこれを聞くのも旅を楽しむコツである。美味しい食堂や市場の場所や、街の雰囲気などが教えてもらえる。

海外のマッサージ屋で切艾《きりもぐさ》を見せると、みんな興味津々となって試したがる。東洋医学のひとつで、ハーブの温灸《おんきゅう》だと説明し、肩や腰のツボにお灸をすえてあげると大層喜ばれる。

旅先で疲れたときに、手の届く足や腕のツボを自分で温灸するのもいつものことだ。切艾は旅の必需品である。

087

ファルケのソックス

ソックス選びは下着選びと同じようにむつかしい。

　なんでも良いとは思っていないが、急に必要なときなど、これでいいやと妥協してしまうことも少なくない。できるだけ気に入るものを選びたいけれども、上質でシンプルで履き心地の良いソックスの選び方がいまひとつわからない。値段を見て、このくらいなら良いだろうと選んでも、履いてみたら、いまいち良くなかったこともある。基本的にソックスとは安いものだろうか、高いものだろうか。まずはその感覚を正しておかなければと悩むばかりだ。

　ソックスは消耗品だから少なくとも一年に一度は新調したい。まだ履けるといっても、毛羽立っていたり、薄くなったものは思いきって処分したい。ソックスにはカジュアル用とドレス用がある。革靴にカジュアルなソックスは間違っても履かないようにする。

　黒や紺の無地と、アーガイル柄のソックスをドレス用にしている。どれもがメリノウールの薄い生地なので革靴に適している。カジュアル用は、数年前からドイツの「ファルケ」という老舗メーカーを選んでいる。左右で形状が違い、「右」「左」と文字が編まれていて機能に富んでいる。そして夏涼しくて冬あたたかい。丸めるとボールのようにコロンとする。ソックスはいつも丸めてクローゼットにしまっている。

088

カシミアニット

冬になるとカシミアのセーターばかりを着ている。ここ五年くらい、色もかたちも同じ三枚を着回しているので、毛玉ができたり、穴が開いたりするけれど、一番楽で着心地が良いのでこの習慣は変えることができない。自分の辞書に保守的という言葉は無かったはずだが、装いだけに関しては、もしかしたら保守的なのかもしれない。気に入ったものは変えずに何年も着ていたいのだ。

夏の暑い日に、早く寒い冬になって、カシミアのニットを毎日着たいなあと思ったりしているから自分でもおかしくなる。

今までいろいろと着てみてわかったのだが、カシミアのニットはスコットランド製が一番良い。ニットの厚みもいろいろあるが、厚ければ良いとも限らない。たとえば、ブルックス ブラザーズのカシミアニットは質が良い上に、厚すぎず薄すぎず、シルエットもゆったりしていて気に入っている。カシミアの良さは見た目ではなく、あくまでも肌触りと着心地である。

いつも選ぶのは無地ばかりなので、見た感じであれこれ他人にはわからないが、着ている本人だけがその良さを味わえるという贅沢が良い。しかし、カシミア好きが高じ、自分もカシミアを着ていることを忘れて、他人がカシミアを着ているのを見ると、妙に羨ましい気持ちになるのは、さすがにどうかと思っている。

089

カルヴィン・トムキンズの『DUCHAMP』

カウブックスに立つことは今では少ない。週末の午後、客に混ざって店内でくつろぐくらいである。

　そんなある日、二十年前に世話になった恩人と偶然、店で再会した。二十年前だから僕が二十三歳の頃だ。その方は英語の翻訳家で、僕が出入りしていた貿易会社で仕事をされていた。何もできないくせに生意気だった僕を、大層かわいがってくれた大好きな人だった。「長年探している本があって、あなたのカウブックスにならば、あるかと思って来たのよ」と恩人は言った。「ニューヨーカー誌で活躍した、伝記記者のカルヴィン・トムキンズが書いた、デュシャンの伝記の原書がどうしても読みたくて……」みすず書房から翻訳版で刊行されている『マルセル・デュシャン』。原書も翻訳版も今では見つけにくい一冊だ。「必ず探します。少しだけ時間をください」年末の忙しい時期であったが、なんとか早く届けたいと僕は張り切った。ニューヨークのディーラーに電話すると幸いにも在庫があるというので、すぐに送ってもらった。本は大晦日《おおみそか》に届いた。翻訳版で内容はわかるが、恩人が読みたいといったカルヴィン・トムキンズの英語の文章に興味を持った。僕は正月休みを利用し、恩人に届ける前にそれを読んだ。

　この機に僕は忘れかけていた本屋の役得と、本を探して届ける嬉しさを思い出した。


 『Duchamp』／Calvin Tomkins／Henry Holt&Co.／1996年

090

HANROのトランクス

我が家には風呂が無かったので、幼い頃から毎日銭湯に通っていた。

銭湯の脱衣場にはガラスのケースに入って、下着やタオルなどが売られていた。僕はそこに並んでいるチェック柄のトランクスをいつか穿いてみたくて仕方がなかった。トランクスは憧れであり夢だった。

銭湯通いのせいで、大人の裸や下着姿を見慣れていたから、同い年の友だちよりも自分の下着を意識したのは早かった。その頃穿いていたのはグンゼの白いブリーフだった。

友だち同士でブリーフのことを「親孝行パンツ」と呼び合った。トランクスは不良の穿くイメージがあったから「親不孝パンツ」と呼んでいた。

ある日、僕は友だちよりいち早くトランクスを穿きたくて、母にねだった。股が痒《かゆ》いからブリーフはもう穿けない、銭湯で売っているトランクスを買ってくれと頼んだ。母は一度考え込んだが、すぐに「いいわ、今日買ってらっしゃい」とお金をくれた。僕は飛び上がらんばかりに嬉しかった。「ブリーフよ、さらば」と声を上げた。はじめてトランクスを穿いた僕はいつまでも脱衣場の鏡に自分を映して惚れ惚れした。小学四年生のときのことだ。

今はHANROのトランクスを穿いている。親不孝な僕の精一杯の親孝行なパンツと思っている。

091

ハーブティー

僕のかばんの中にはいつもハーブティーのティーバッグがいくつも入っている。自分の家だけでなく、仕事場や友だちの家などで、ほっとしたいときに取り出し、お湯を注いで楽しんでいる。

飲んだことのないハーブティーを見つけると、すぐに買ってしまうのもいつもの癖で、箱を開けていないハーブティーが部屋にはいくつも溜《た》まっているのが目下の悩み。毎日飲んでいても、なかなか減っていかないから困っている。とは言うものの、ハーブティーを切らすほうがもっと困る。

最近見つけたドイツのレーベンスバウム社の「ギュンター」というブレンドが特に気に入っている。アニス、フェンネル、クミン、レモンバーム、ペパーミント、ラベンダーを調合したもので、眠れない夜にはナイトキャップになり、日中リラックスしたいときにも役に立つ。僕にとってハーブティーは、淹れたときの色がとても大切で、あまりに濃い色は見た目が苦手である。淡いグリーンや茶色系なら大抵大丈夫。そう考えると、色の濃い飲み物は苦手な部類に入る。

ハーブティーの箱も好みに関わる。レーベンスバウム社の箱はカエルがクッションに座ってハーブティーを飲んでいる漫画イラストが描いてあってとても良い。そういえば、ハーブティーを手土産にすることが一番多い。自分ももらって嬉しいものである。

092

ニューバランス1300

二十代前半の頃、ニューヨークのアッパーウエストサイドにあったフットロッカーというジョギングシューズ屋で、はじめてニューバランスのスニーカーを買った。「新しい調和」という名前が気に入ったのと、ラルフ・ローレンが愛用しているという噂を知り、それがどんなものなのか興味を抱いた。

目が飛び出るくらいに高かったことを覚えている。当時、子どものようにしか見えない僕を心配した店員が「本当にこの値段でもいいの？」と何度も聞き返した。生活に余裕があったわけではないが、どうしても、その履き心地を知りたかった。

このとき買ったニューバランスは七、八年履いた。いくら歩いてもひとつも疲れないからと、方々の旅先で歩きまわって、最後はボロボロになって朽ち果てた。そのおかげで、良い靴とは、何が良いのかがわかった。靴は足だけではなく、暮らしのすべてを支えるものであり、人生をともに歩く友だちのようだと思った。

ニューバランス１３００は、製造中止になり、その後、復刻されたが、どうも何かが違うような気がして手を出さなかった。しかし、二〇〇五年に復刻されたものはオリジナルに近かった。履いてみたら、ニューヨークを歩きまわった若かりし頃を思い出した。古い友だちと再会したような気持ちになって嬉しかった。

 ＊現在はお取り扱いございません

093

ペリカン #100

物書きのはしくれだから万年筆は数本持っている。しかし、ピカピカのモンブランは気恥ずかしくて持てない。

一番気に入っているのはドイツの文具メーカー、ペリカン社の「#100」、三〇年代のオリジナル。

このモデルは、ボディの後ろ端がすぱっと切り落としたようにきれいな断面になっている。ボディはエボナイト*とセルロイド製で、グレイのマーブル模様が施され、グリーンのインク窓が大きい。キャップの先のペリカンマークにはヒナが二羽（もっと古いモデルは四羽いる）。サイズは手の中に隠れてしまうくらいに小さくてずんぐりとしている。経年でところどころが白くなったエボナイトの感触が手にしっくり収まって心地良い。

気に入っている理由は、見た目だけでなく書き味にもある。先端を斜めにカットしたオブリークというニブが付いていて、太さはBBBというかなりの太字である。ちょっと手首をひねって書くコツがいるが、筆圧に強弱をつけると表情豊かな線が書ける。まるで筆で文字を書いているような気分にさえなる。年代物のアンティークだから、きっと何人もの持ち主の手を渡って今僕の手元にある。

僕にとってこのペリカンは、特別な人に特別な文章を書くための万年筆である。そういう道具に出合えて本当に嬉しい。

＊ゴムの一形態。万年筆の軸に使われる

094

アンドレ・ケルテスの
『Day of Paris』

二十年、絶版写真集の売り買いをしていて、古書の取引の場に滅多に現れることがない写真集がある。それは出版部数が少ないという理由もあるが、持っている人が手放さないという理由が大きい。たとえば、ロバート・フランクの『Flower is』は、出版部数も少なく、希少性の高さでは群を抜く写真集であるが、お金さえ用意すれば、意外と簡単に入手できる。『Day of Paris』は、滅多に市場に現れない、稀有《けう》な写真集のひとつと言っていいだろう。

ブダペスト出身の世界的有名な写真家アンドレ・ケルテス。一九三六年に渡米し、はじめて作品をまとめた写真集が『Day of Paris』（一九四五年）だ。

ライカを手に、パリの町を歩きまわって撮りためた、ケルテス特有のユニークな構図と、慈しみ深い眼差しで捉えたスナップ写真は、パリで暮らす人々と、古き佳きパリの街並みを綴ったおとぎ話のように、見る者を強く魅了する。

『Day of Paris』の魅力をさらに高めているのは、デザインを手がけたアレクセイ・ブロドヴィッチの本作りの妙である。まるでひとつの音楽のように最初のページから曲が奏でられ、最後のページを繰ったときには、素晴らしい音楽を聴き終えた気持ちでいっぱいになる。

『Day of Paris』との邂逅《かいこう》は、僕が写真を撮る理由のひとつになっている。

 『Day of Paris』／André Kertész／J.J.Augustin Publishers／1945年

095

サンタ・マリア・ノヴェッラの
コロン

いい匂いのする部屋が好きだ。

部屋ではいつもアロマオイルを焚《た》いている。持ち歩いてもいて、気分がすぐれないときなど、ちょっと匂いを嗅いだりしてリフレッシュしている。

いい匂いを一番求めるときは、眠るときだ。眠る少し前に、寝室にアロマオイルを焚いておく。たとえば、ローズマリーやジャスミン、ユーカリをよく選ぶ。匂いというのは不思議なもので、最初は少しの匂いで満足するのだけれど、日が経つにつれて、だんだんと麻痺《まひ》して、次第に強い匂いでないと気が済まなくなるから困ってしまう。よって、アロマオイルの減り方が尋常でないのが悩みになった。

要するに、部屋がいい匂いがすれば気が済むのだからと思い立ち、今まで使ったことのないオーデコロンを、眠る前に適量、からだのどこかにつけて眠ったらどうかと試した。するとこれがなかなか良くて気に入った。そうして、自分の好みのオーデコロン探しがはじまった。

サンタ・マリア・ノヴェッラは、フィレンツェにある修道院だ。古くから薬局を経営していて、石鹸や芳香剤、スキンケア品を売っている。

知人のおすすめもあり、選んだのがパチューリという香り。こんな匂いのする部屋がいいなということで行き着いた匂いだ。

096

エプロン

エプロンで思い浮かべるのは、ミレーの絵に描かれている農家の女性が腰に巻く長いエプロンか、フリルのついたサザエさんのエプロンだが、三〇年代の大恐慌のアメリカで、路上で新聞売りをする少年たちが身につけた、お金を入れるためのポケットのついたエプロンにも魅かれる。

分厚い木綿生地に、新聞社の名前が染め抜かれていて、小銭を種類ごとに分けることのできるポケットがついている。そのエプロンは、料理や仕事で、着ている服を汚さないためのものではなく、あくまでも新聞社の広告であり、新聞売りの少年の財布であり道具入れだ。当時のエプロンの風貌はすこぶるかっこいい。考えてみたら、ウエストバッグの原型ではなかろうかと想像する。

カウブックスをスタートしたとき、スタッフ用に作ったエプロンが、この新聞売りエプロンを模したものだった。腰に巻く短いタイプと、首から下げるタイプの二種類がある。生成りの木綿に赤い糸で「COWBOOKS-NAKAMEGURO」の刺繍を施した。店でスタッフ達が誇らしげに身につけた姿を見たときは嬉しかった。

昔、『エプロンおばさん』（長谷川町子作）という漫画があったが、最近はエプロンを巻いた女性の歩く姿を商店街などで見ることはほとんどない。これからもカウブックスはエプロンを巻いて仕事をしようと思う。

097

木地山系《きじやま》こけし

こけしの先生は親友の沼田元氣《ぬまたげんき》氏である。といってもコレクターでもなく、数えてみてもこけしを十個も持っていない。そのうちの半分は沼田元氣氏がくれたものであるから、自分で選んで買ったのは、ほんのわずかである。こけしが部屋にひとつかふたつくらい飾ってあるといいなあと思う。温泉街のお土産品ではなく、日本の優れたフォークアートとして僕は見ている。

こけしは、鳴子《なるこ》を代表にして日本全国に産地があり、たくさんの系列とその有名無名の工人《こうじん》がいる。過去に幾度かこけしブームがあり、流行《はや》ったり廃《すた》れたりが繰り返されたことで、今でもこけしは日本の暮らしの中に溶け込んでいる。昔、おじいさんが旅先で買ったというこけしが、実家の居間の片隅に転がっているなんてこともよくある話だ。それが有名な故・盛秀太郎《もりひでたろう》作であっても、今では誰も気付かない。

素人選びと言われるだろうが、秋田県の皆瀬木地山《みなせきじやま》と稲川町《いなかわまち》(現 湯沢市)から発生した木地山系のこけしが僕は好きで、故・小椋久太郎《おぐらきゅうたろう》作の小さいものを買っている。らっきょうのようなかたちの頭に、三白眼《さんぱくがん》の表情、梅の花が描かれた前垂れ模様が特徴である。素朴な筆致《ひっち》の描彩と、木地玩具としてのシルエットに魅かれている。小椋家は先代の久四郎《きゅうしろう》から続く工人一家である。今、久四郎のこけしがあれば、ひとつ百万ともいわれている。

098

『高村光太郎詩集』

誰にも会わず、何も見ず、何も聞かず、何も話さず、身動きひとつせず、どこにも行かず、電気も点《つ》けない小さな部屋に閉じこもり、ただじっと、いつまでもそうやって丸まっていたいときというのは、思春期の頃ならば、誰にでもあるだろう。もしかしたら、大人になってからだってあるだろう。すべてを拒絶したいときとでも言おうか。そんな風に独りで入ってしまった真っ暗闇の中から、どうやって、明るい日なたに這《は》い出してくるかが、ある意味、人生においてはじめての一歩でなかろうか。そしてそのとき、必ずある「さあ、これにつかまって」と、手を差し伸べてくれるものとの出会い。たとえば、友人、家族、恋人、いろいろだと思うが、ぐいと引っぱり上げてくれたり、重い腰を下から押してくれるもの。それには思いきり甘えていい。そうして人は、愛するとは何か。愛されるとは何か。人は独りでは生きてゆけないと学ぶ。『高村光太郎詩集』は、まさに暗闇の中にいた僕を引っぱり上げてくれた。幼い頃から抱き続けていた、本当のことは何か。その問いにはじめて答えてくれた一冊だった。「最低にして最高の道」という詩がある。僕はこの詩に出合ったからこそ、こうして今を生きている。命の恩人とさえ思っている。

『高村光太郎詩集』とは十二歳の時に出合った。

 『高村光太郎詩集』／高村光太郎／新潮文庫／ 1950 年

099

オーボンヴュータンのジャム

オーボンヴュータンの無花果《いちじく》ジャムより美味しいジャムを食べたことがない。多少の好みがあるかもしれないが贔屓《ひいき》目を抜いてもそう思っている。

僕にとってジャムは高級品である。たっぷりとパンに載せたり、そのまま大きなスプーンにすくって食べるなんて夢のまた夢である。ジャムを、穫れたばかりの果物を味わうように、ちょっとずつお菓子のように食べるのが好きだ。実は、そんな風に自分が大のジャム好きであることを他人には黙っている。十年以上前から、フランスやイギリスやアメリカのファーマーズマーケットの手作りジャムを丹念にリサーチするほどなのにだ。

パリで一年に一度だけ、季節を選んで一年分のジャムを手作りする男三人組がいる。彼らは普段、会社員であったりと別々の仕事をしているが、ジャム作りのときだけ休暇をとって集まり、素材から何から何までとことんこだわってジャム作りに専念する。この話を知ったとき僕は地団駄を踏んで悔しがった。一年に一度ジャム作りのために仕事を休んで、美味しいジャムを、自分たちが食べるためだけの一年分作るなんて羨ましすぎるし、かっこ良すぎる。

オーボンヴュータンの河田さんに、苺《いちご》とバジルのジャムを教えてもらったことがある。いつかこのジャムを、自分が食べる一年分を作るために休暇をとろうと思っている。

100

スコップとフォーク

幼い頃、土を触ることが好きだった。公園や学校の、わずかな広さの地面を掘り返しては、ぱらぱらと土を手で遊び、両の手で団子を作るように握ってみたり、ぐちゃぐちゃと土の感触を楽しんだりしていると、不思議と心が安らいだ。土の匂いも好きだった。都会で生まれ育った子どもにとって土遊びは、ちょっと秘密めいた特別な戯れだったと思う。

大人になった今、外国の町を歩いていて、いつも目に留めるのは、手入れの行き届いた美しい公園であったり、かわいらしい小さな庭だったりする。いいなあと思い、誰も見ていなければ、すぐにでもまた、子どもの頃のように土遊びをしたくなる。そして、土の地面に膝をついて庭仕事をしている人を見ると、心から羨ましいと思う自分がいる。田舎暮らしを夢みることはないが、つねに土に触れる習慣のある暮らしには憧れている。一日に一度、土をいじくる仕事があったら、どんなに楽しいだろうと空想する。

ロンドンにLABOUR AND WAITという園芸道具を売る店がある。「蒔《ま》いて待つ」というすてきな言葉にいっぺんに魅かれた。この店が開いたスワップミート（青空市場）で買ったアンティークのスコップとフォークがある。テーブルに置いて、毎日眺めている。

いつかの日を夢見て。

101

音楽と金駿眉《チンチユンメイ》

音楽を聴きたいとき、お茶を淹れる。お茶を飲みたいとき、音楽を選ぶ。味わうという意味で、音楽とお茶はとても似ている。

音楽を聴くとき、僕は座り心地のよい椅子に座って、耳を澄ます。それだけだと、堅苦しいので手元にお茶を置く。いい音楽を聴く。おいしいお茶を飲む。なんて贅沢なのかと思う。音楽とお茶の相性はほんとうにいい。

音楽を聴くときのお茶であるが、いろいろと試してみた中で、ぜひ金駿眉を選びたい。チンチュンメイと読む。

チンチュンメイは、中国福建省の北東部で産せられる紅茶である。お湯の色は薄い黄金色で美しい。甘くフルーティーな香りが特徴で、口あたりがとてもあっさりしている。芽の部分のみを使っていて、その金色の茶葉はゴールデンチップとも呼ばれている。品質の高い芽茶《めちゃ》であるからこそ、やさしい口あたりで、その淡い味わいは物足りなさを感じさせるが、醍醐味《だいごみ》は飲んだ後にじわじわと余韻となって現れる。チンチュンメイは、そんな不思議なお茶である。

チンチュンメイは高価な茶葉としても知られている。お酒を飲まない僕としては、自分に許す小さな贅沢のひとつとして、高いワインのつもりで味わっている。

最近はチンチュンメイをおいしく淹れて、さて、どんな音楽が合うのだろうかと、一曲を選ぶのが楽しみにもなっている。

102

スヌーピー・ランプ

ショコラティエとして知られる、ピエール・エルメのオフィスは、皇帝ナポレオンが好んだアンピール様式で統一されている。アンピール様式とは、機能を優先した、直線的で簡素なインテリアスタイルだ。

驚かされたのは、インテリア雑誌に載った一枚の写真だ。オフィスに置いた大きなテーブルで、エルメ氏は独り静かに書き仕事をしている。ランプの明かりだけが彼の手元をほのかに照らしている。うっすらと映る影だけを見ると、テーブルの上にのせた一匹の犬と戯れているようだ。僕はそのランプを見て、もう一度、写真に目を近づけた。ランプは、アッキーレ・カスティリオーニがフロス社のために、一九六九年にデザインした、スヌーピー・ランプだった。スヌーピーと呼ばれるのは、ランプのフォルムが、ピーナッツコミックのスヌーピーの横顔に似ているからだ。

エルメ氏と、アンピール様式と、スヌーピーという、自由かつセンスの高い組み合わせに、僕はつばを呑んで黙った。ナポレオンとスヌーピーである。センスとはこうでありたい。

僕の家ではリビングルームの窓辺に置いている。いろいろと使い道を悩んだ末に落ち着いた場所だった。一匹の犬が窓の外をじっと眺めているような風景に心が和む。家に帰ると、ただいま、と思わず声をかけたくなるスヌーピー・ランプである。

103

鳥越《とりごえ》の鈴竹細工

好きになった人、好きになったものやこと、好きになったいろいろが、生まれてから今日まで数えきれないほどたくさんある。それらは心の中の引き出しの中に、ぶつかり合わないように、一つひとつそっと置いてあって、こんなことやあんなこと、どんなにささやかなことも、捨てることなく、大切にしている。

　普段言葉にしている「今日もていねいに」とは、日々の暮らしを楽しむための工夫の心持ちです。そして、はっと思った、ささやかなこと、すてきなことを拾い上げること。嬉しいこと、悲しいこと、つらいことにもありがとうと思うこと。そんな一つひとつを両手にのせて、みんなと分かち合うこと。あたかも大好きな友だちを紹介するように。

　つい先日、鎌倉の「もやい工藝」で買い求めた鈴竹細工《すずたけざいく》の弁当かごを手にして眺め、いろいろと思うことがあった。人が人のためを思い、生身の手で作られたものの姿かたちは、たかが小さな物入れであっても美しい。この弁当かごは岩手県一戸《いちのへ》町鳥越《まちとりごえ》の伝統工芸品として作られている。

　子どもの頃、手ごろな箱があると、そこに自分の宝物を入れたくなる衝動は誰にでもあったと思う。宝物を選ぶのも、箱に詰め込むのも、そしてその箱にふたをして、そっと自分だけの隠し場所に置くのも嬉しかった。

案内

《お問い合わせ可能な商品のご案内》

002	「ヒノキの漆椀と匙」／漆宝堂
	☎ 048-622-2725　www.shippodo.jp ／ p.14
004	「エンリー ベグリンの財布」／株式会社ケチャップ
	☎ 078-391-6647　http://japan.henrybeguelin.it/ ／ p.18
016	「種子島の本種子鋏」／池浪刃物製作所　☎ 0997-22-0513
	park10.wakwak.com/~ikenamihamono ／ p.42
019	「ウィンザー＆ニュートンの水彩絵具セット」／バニーコルアート
	☎ 03-3877-5116　www.bonnycolart.co.jp ／ p.48
021	「イスナルディ社のオリーブオイル」／アーク
	☎ 03-5287-3870　www.ark-co.jp ／ p.52
	「クレスピ社のオリーブオイル」／稲垣商店
	☎ 03-3462-6676　www.inagakishoten.com ／ p.52
023	「菓匠 花桔梗の寒氷」／菓匠 花桔梗
	☎ 052-841-1150　www.hanakikyo.com ／ p.56
028	「レインブーツ」／ル・シャモー　www.lechameau.com ／ p.66
029	「capay valley のはちみつ」
	／ capayvalleyfarmshop.com ／ p.68
030	「MAROBAYA の風呂敷」／ MAROBAYA
	info@marobaya.com ／ p.70
031	「Dr.Bronner's のマジックソープ」
	／サハラ・インターナショナルグループ
	☎ 075-252-1234　www.sahara-group.co.jp ／ p.72
032	「アングルポイズのテーブルランプ」
	／ www.anglepoise.com ／ p.74
034	「SMYTHSON のアドレス帳」／ www.smythson.com ／ p.78
036	「アークテリクスのアルファＬＴジャケット」／サンウエスト
	☎ 03-5648-3658　www.sun-west.co.jp ／ p.82
037	「パン切りナイフ」／もやい工藝
	☎ 0467-22-1822　moyaikogei.jp ／ p.84

038	「仲村旨和さんのカッティングボード」／ファーマーズテーブル
	☎ 03-6452-2330　www.farmerstable.com ／ p.86
039	「宮脇賣扇庵の扇子」／宮脇賣扇庵
	☎ 075-221-0181　www.baisenan.co.jp ／ p.88
043	「ウェーブレターオープナー」／クワノトレーディング
	☎ 03-5825-3053　www.kuwano-trading.com ／ p.96
044	「J. M. Weston のゴルフ」／ジェイエムウエストン青山店
	☎ 03-6805-1691　www.jmweston.com ／ p.98
046	「長谷川まみさんの匙」／長谷川一望斎内 長谷川まみ
	☎ 052-762-7166 ／ p.102
049	「ジェームスロックのパナマハット」
	／ www.lockhatters.co.uk ／ p.108
054	「RAINBOW のサンダル」／ヘッズ
	☎ 044-435-2015　www.heads.ne.jp ／ p.118
055	「イソップのクリーム」／イソップ・ジャパン
	☎ 03-6427-2137　www.aesop.com ／ p.120
056	「アイベックスのシャツ」／エイアンドエフ
	☎ 03-3209-7579　ibexwear.jp ／ p.122
057	「箱根寄せ木細工の茶筒」／京屋物産店　☎ 0460-82-3028
	＊茶筒のお取り扱いは現在中止しております／ p.124
058	「port2port press のカード」／ port2port press
	port2portpress.com ／ p.126
059	「いせ辰のぽち袋」／いせ辰　☎ 03-3823-1453 ／ p.128
060	「フランクの靴」／ MURRAY SPACE SHOE
	www.murrayspaceshoe.com ／ p.130
062	「R.E.LOAD のバッグ」／ディーポ　サイクル＆リサイクル
	☎ 047-329-2902　www.cycle-recycle-depot.com ／ p.134
063	「ヒノキの漆塗りべんとう箱」／よし彦
	☎ 0264-22-2156　www.urusi.com
	＊写真と同じ商品は、現在お取り扱いがございません／ p.136

065	「June Taylor のトマトケチャップ」／June Taylor www.junetaylorjams.com／p.140
069	「GE290」／デニッシュインテリアス株式会社 ☎ 053-427-1531　www.danish-interiors.com／p.148
070	「ブルックス ブラザーズのボタンダウン」／ブルックス ブラザーズ ☎ 03-3403-4990　www.brooksbrothers.co.jp ＊写真と同じ商品は、現在お取り扱いがございません／p.150
073	「南部鉄器のやかん」／丸屋金物店 ☎ 03-3719-5217　www.nakame-shop.com/maruya/ ＊写真と同じ商品は、現在お取り扱いがございません／p.156
076	「オールド・タウンのコットンジャケット」 ／オールド・タウン　old-town.co.uk／p.162
077	「ヒルサイドパントリー代官山のツナサンド」 ／ヒルサイドパントリー代官山　☎ 03-3496-6620 www.hillsideterrace.com/shop/shop_g_pantry.html ＊写真と同じ商品は、現在お取り扱いがございません／p.164
078	「WESTIN のピロー」／THE WESTIN TOKYO ☎ 03-5423-7627　www.westin-tokyo.co.jp／p.166
079	「チャールズ＆レイ・イームズのスツール」 ／ハーマンミラージャパン　☎ 03-3201-1830 www.hermanmiller.co.jp／p.168
083	「ローズカフェ」／rosecafe.com／p.176
085	「dosa の服」／G.O.D.　☎ 03-3477-2620 www.sunshine-cloud.com ＊写真と同じ商品は、現在お取り扱いがございません／p.180
086	「釜屋もぐさ本舗の切艾」／釜屋もぐさ ☎ 03-3667-3551　www.mogusa.co.jp／p.182
090	「HANRO のトランクス」／ワコール お客様センター 📞0120-307-056　www.wacoal.jp／p.190

091	「レーベンスバウム社のハーブティー」／ヴィーゼ ☎ 03-3409-1645 www.wiese.co.jp ／ p.192
095	「サンタ・マリア・ノヴェッラのコロン」 ／サンタ・マリア・ノヴェッラ・イン・トーキョー ☎ 03-3408-2008 www.santa-maria-novella.co.jp ／ p.200
099	「オーボンヴュータンのジャム」／オーボンヴュータン ☎ 03-3703-8428 ／ p.208
100	「スコップとフォーク」／ LABOUR AND WAIT www.labourandwait.co.uk ／ p.210
103	「鳥越の鈴竹細工」／もやい工藝 ☎ 0467-22-1822 moyaikogei.jp ／ p.216

＊本書掲載商品はすべて著者の私物であり、デザイン、素材などは変わる可能性があり、お求めになれない場合があります。また、情報は 2013 年 7 月現在のものです。

この作品は２００９年３月、青
山出版社から刊行されました。
文庫化に際し、書き下ろし３
編（101 音楽と金駿眉、102 スヌー
ピー・ランプ、103 鳥越の鈴竹細工）
を加えて再編集いたしました。

写真・絵……………松浦弥太郎
ブックデザイン…わたなべひろこ

THANK YOU

集英社文庫

日々《ひび》の100

2013年7月25日　第1刷
2020年8月24日　第4刷

定価はカバーに表示してあります。

著　者　松浦弥太郎《まつうらやたろう》

発行者　徳永　真

発行所　株式会社 集英社
東京都千代田区一ツ橋2-5-10　〒101-8050
電話【編集部】03-3230-6095
【読者係】03-3230-6080
【販売部】03-3230-6393(書店専用)

印　刷　中央精版印刷株式会社　株式会社美松堂

製　本　中央精版印刷株式会社

フォーマットデザイン　アリヤマデザインストア　　マークデザイン　居山浩二

ISBN978-4-08-745097-2 C0195